ESSAY

KRITIK

MARGINALIEN

Steffen Mau, geb. 1968, Professor für Makrosoziologie an der Humboldt-Universität zu Berlin. 2024 erschien *Ungleich vereint. Warum der Osten anders bleibt*. – Bei dem Beitrag handelt es sich um die überarbeitete Fassung der Mosse-Lecture vom 4. Juli 2024 an der Humboldt-Universität zu Berlin.
steffen.mau@hu-berlin.de

Valentin Groebner, geb. 1962, Professor für Geschichte mit Schwerpunkt Mittelalter und Renaissance an der Universität Luzern. 2023 erschien *Aufheben, Wegwerfen. Vom Umgang mit schönen Dingen*; 2024 *Gefühlskino. Die gute alte Zeit aus sicherer Entfernung*.
valentin.groebner@unilu.ch

Tobias Janz, geb. 1974, Professor für Musikwissenschaft an der Friedrich-Wilhelms-Universität Bonn, Mitherausgeber von *Musik & Ästhetik*. 2019 erschien *Decentering Musical Modernity* (Hrsg. zus. m. Chien-Chang Yang).
janz@uni-bonn.de

Nacim Ghanbari, geb. 1979, Professorin für Neuere deutsche Literaturwissenschaft an der Universität Siegen. 2024 erschien *Patronage und deutsche Literatur im 18. Jahrhundert*.
ghanbari@germanistik.uni-siegen.de

Matthias Rothe, geb. 1966, Associate Professor of German and Philosophy an der Universität von Minnesota. 2024 erschien *Tropen des Kollektiven. Horizonte der Emanzipation im Epischen Theater*.
mrothe@umn.edu

Felix Ackermann, geb. 1978, Professor für Public History an der FernUniversität in Hagen. 2017 erschien *Mein litauischer Führerschein. Ausflüge zum Ende der Europäischen Union*.

Victor Loxen, geb. 2000, Student.
victor@loxen.de

Susanne Neuffer, geb. 1951, Autorin. 2019 erschien *Im Schuppen ein Mann*; 2022 *Sandstein. Zwei Novellen*.
www.susanne-neuffer.de

ZU DIESEM HEFT

Das Tanzen wird im Merkur eher selten thematisiert. Dass es diesmal in gleich zwei Beiträgen eine wichtige Rolle spielt, ist schlicht Zufall – und zugleich eine glückliche Fügung. Denn auch wenn Nacim Ghanbari und Tobias Janz sich dem Tanzen aus völlig unterschiedlichen Perspektiven nähern, ergänzen sich ihre Beobachtungen doch in einem wesentlichen Punkt.

Ghanbari zeichnet in ihrem Essay ein Panorama kultureller Gegenöffentlichkeiten, die sich dem Regime der iranischen Mullahs auf je eigene Weise widersetzen. Tanz-Performances kommt dabei nicht von ungefähr große Bedeutung zu: »Im Vergleich mit den anderen Künsten ist die Repression gegen den Tanz in der Islamischen Republik die härteste, was sich etwa auch daran zeigt, dass die Verwendung des Wortes (persisch ›raghs‹) in Publikationen verboten ist.« Kein Wunder, dass gerade Tanz-Videos während der Massenproteste im Herbst und Winter 2022 in den sozialen Medien auf überaus große Resonanz stießen.

Wobei, wie Tobias Janz in seiner Kolumne ausführt, das »Bewegen und Bewegt-Werden durch Musik« auch per se schon besonders intensive gemeinschaftsstiftende Kräfte freisetzen kann. Schließlich kann dabei im Idealfall gelingendes Miteinander in einer Intensität und Evidenz am und im eigenen Leib erlebt werden, deren Sog man sich schwer entziehen kann. Die zunächst eher befremdliche Aversion der Mullahs gegen das Tanzen wäre damit nicht zuletzt als Reaktion auf dieses besondere Sozialisierungspotential zu erklären, das sie als latente Bedrohung empfinden.

CD / EK

Steffen Mau

Keine Zeit

Zum Verhältnis von politischen Entscheidungen und sozialem Wandel

Die Initiation, Organisation und Bewältigung beschleunigten sozialen Wandels setzen Gesellschaften unter Stress. Anders als in relativ statischen Gesellschaften mit eingeführten Routinen, etablierten Arrangements und weithin akzeptierten Befriedungsformeln brechen in Wandlungsgesellschaften viele Konflikte auf. Zugleich steht die Politik unter Zugzwang, muss schnell Entscheidungen treffen und Weichenstellungen vornehmen, will sie nicht vom Lauf der Dinge überrollt werden. Die Politik ist zugleich Getriebene wie auch Treiberin des gesellschaftlichen Wandels. Mal tritt sie auf die Bremse, um einen Aufprall oder ein Aus-der-Kurve-Rutschen der gesellschaftlichen Verhältnisse zu verhindern, mal beschleunigt sie, um gewünschte oder notwendige Entwicklungen herbeizuführen.

Das Verhältnis von Politik und sozialem Wandel können wir uns als notorisch prekär vorstellen. Nur selten sind sie im Gleichklang und finden einen gemeinsamen Takt. Die Analyse politischer Entscheidungsfindung changiert nicht nur deshalb zwischen den Vorwürfen der Entscheidungsverweigerung einerseits und der Kritik an falschen oder irrationalen Entscheidungen andererseits. Politik steckt ja in der merkwürdigen Zwickmühle, zwar Entscheidungskompetenz simulieren zu müssen, aber zugleich in zahlreichen (rechtlichen, sachlichen, sozialen, organisationalen und politischen) Zwängen zu stecken, welche die Entscheidungsspielräume massiv einschränken. Sie kann also über die Grundlagen von Entscheidungen nicht frei disponieren – es gibt keinen »freien politischen Willen«.[1]

Entscheidungen sind aber nicht nur restringiert, so dass die politischen Akteure nur geringe Beinfreiheit haben und freies Malen im Grunde ausgeschlossen ist, sie sind auch zunehmend einem myopischen Politikmodus anheimgegeben, der sich vor allem am Gegenwärtigen abarbeitet. Man könnte von reaktiver Stehgreifpolitik oder von politischem Adhocismus reden. Man hat zwar Parteiprogramme, Koalitionsvereinbarungen und mittelfristige Veränderungsabsichten, doch dann kommen die großen und

1 Zu den Fallstricken der Konstitutionalisierung und Verrechtlichung von Politik hat Philip Manow unlängst eine originelle Thesenschrift vorgelegt (*Unter Beobachtung, Die Bestimmung der liberalen Demokratie und ihrer Freunde*. Berlin: Suhrkamp 2024).

die kleinen Krisen immer wieder dazwischen (Corona, Russlands Krieg in der Ukraine etc.): Politik muss dann Entscheidungen treffen, die sie nicht vorhergesehen hat und für die es weder eine programmatische Fundierung noch eine durchdachte Blaupause gibt.

Sozialer Wandel

Unter sozialem Wandel fassen wir alle Veränderungen gesellschaftlicher Strukturen und Funktionsweisen, die die Lebensweisen, Handlungsroutinen und Orientierungen von Individuen dauerhaft beziehungsweise langfristig verändern. Gesellschaften wandeln sich fortwährend, oft ohne dass wir es bemerken: innerhalb von Lebensläufen, aber auch über Generationen hinweg. Veränderungen der Geburtenrate oder eine Verlängerung der Lebenserwartung würden vermutlich trotz wichtiger Folgen für den gesamtgesellschaftlichen Zusammenhang nicht als sozialer Wandel wahrgenommen werden (obwohl sie es de facto sind). Für die Wirkung auf die Gesellschaft kommt es auf das Ausmaß, die Richtung, die Reichweite und die Tiefe des Wandels an, etwa dass er bedeutsam ist oder als bedeutsam wahrgenommen wird. Auch die Zeitspanne, in dem Wandel passiert – also die Veränderungsrate –, ist relevant, denn ob Gesellschaften in der Lage sind, Wandel zu verarbeiten und sich anzupassen, ist auch eine Frage des »wie viel« und des »wie schnell«. Inkrementeller Wandel, also der Wandel in kleinen Schritten, ist oftmals unproblematisch, disruptiver oder transformativer Wandel hingegen in der Regel sozial umkämpft.

Man könnte die zwei Wandlungstypen vielleicht mit einem Fluss vergleichen, der ja auch beständig durch sein Flussbett fließt und doch nie derselbe ist: Fließgeschwindigkeit, Wasserstand oder Flora und Fauna ändern sich beständig, und doch würden wir erst dann eine wirkliche grundlegende Veränderung konstatieren, wenn sich beispielsweise das Flussbett verschiebt. Es gibt seit Parsons die bekannte Unterscheidung von Wandel *innerhalb* von Systemen und dem Wandel *von* Systemen.[2] Wenn man sich beispielsweise ein sozialstrukturelles Positionsgefüge vorstellt, könnte man sagen, dass es durch soziale Mobilität eine Bewegung von Menschen zwischen unterschiedlichen (und relativ stabilen) Positionen gibt, was zu Veränderungen führt, aber fundamentaler sozialer Wandel erst dann stattfindet, wenn sich das Positionsgefüge insgesamt verändert. Es gibt also auch Wandel innerhalb der gegebenen Strukturen, andererseits Wandel als Umwandlung von Strukturen, Institutionen, Regeln etc.

2 Talcott Parsons, *The Social System*. New York: Free Press 1951.

Aber selbst bei dem genannten Beispiel ist die genaue Markierung des Übergangs nicht einfach. Wir würden ja auch von sozialem Wandel sprechen, wenn im Positionsgefüge alles stabil bleibt, aber nun plötzlich Arbeiterkinder und nicht Kinder aus dem Wirtschaftsbürgertum Konzernlenker und DAX-Vorstände würden. Hinzu kommt, dass wir viele Veränderungsprozesse kennen, die sich kumulativ aufschichten oder durch das Erreichen von *tipping points* aus langfristigem Wandel in eine gesellschaftliche Diskontinuität hineingeraten. Mit anderen Worten: Vieles hat sich schon verändert, es braucht aber ein auslösendes Moment, um diesen Wandel in einen anderen sozialen Aggregatzustand zu überführen. Inkrementeller Wandel kann sich also zu fundamentalem Wandel aggregieren; manchmal sprechen wir deshalb von »stillen Revolutionen«.

Warum sich Gesellschaften mit Wandel so schwertun, liegt eigentlich auf der Hand. Wir alle sind in unseren sozialen Rollen, den normativen Erwartungen, den zukunftsbezogenen Entscheidungen oder in unseren sozialen Beziehungen auf ein gewisses Maß an Kontinuität angewiesen. Sozialer Wandel, wenn er plötzlich und nicht über Generationen geschieht, ist ein Kontinuitätsbruch, er ist ein Destabilisierungsereignis, das eingespielte Verhältnisse derangiert und aus dem Gleis wirft. Je nach Position, Ressourcen und Verarbeitungskapazitäten kann dieser Wandel als optionserweiternd oder als risikoreich, gefährlich und belastend wahrgenommen werden. Nicht überraschend interpretieren Menschen Wandlungsprozesse häufig in Gewinn- oder Verlustkategorien und positionieren sich entsprechend. Hinzu treten Veränderungen von Sinnbezügen und Anerkennungsformen, die Einfluss darauf haben, ob eine Umwälzung als problematisch oder auch als chancenmehrend oder sogar emanzipatorisch wahrgenommen wird. Wandlungsprozesse sind immer auch Prozesse der Umwertung dessen, was als anerkannt und gesellschaftlich wertvoll angesehen wird oder eben nicht.

Zeitlichkeitsverhältnisse: Zur Kopplung von Politik und Gesellschaft

Wie aber gestalten sich die Zeitbeziehungen von Politik und Gesellschaft? Wie verknüpft sich sozialer Wandel mit politischen Entscheidungen?[3] Welche Geschwindigkeitsverhältnisse herrschen vor, und mit welchen Implikationen?

3 Sozialer Wandel ist ein Zentralthema der Soziologie, politisches Entscheiden eigentlich eine Domäne der Politikwissenschaft. Wenn ich hier versuche, beide disziplinären Perspektiven zu verbinden, dann geht es mir um eine skizzenhafte Erfassung der Kopplungen von politischen Entscheidungen und gesellschaftlichen Wandlungsprozessen. Allerdings ist der hier vorgenommene Fokus auf

Ich beginne mit einer eher formalen Taxonomie, die die denkbaren temporalen Beziehungsverhältnisse erfasst.

Politische Entscheidungen können gesellschaftlichen Wandel nachvollziehen beziehungsweise ihm nachlaufen. Das sind Konstellationen, in denen gesellschaftliche Veränderungen schon am Laufen sind – demografischer Wandel, Liberalisierung, Wertewandel –, nun arbeitet die Politik nach. Ein Beispiel wäre sicherlich die späte politische Entscheidung für die Ehe für alle, die gesellschaftlich schon längst von großen Mehrheiten akzeptiert war, als die Politik sie gesetzlich verankerte. Dies ist in der Regel ein unproblematisches adaptives politisches Entscheiden. Hier droht eher die Gefahr der Verschleppung oder der Aufrechterhaltung eines gesetzlichen Korsetts, das der Gesellschaft aufgrund von Veränderungsprozessen schon längst nicht mehr passt.

Der zweite, weitgehend unproblematische Fall ist die Taktung oder Gleichzeitigkeit von politischen Entscheidungen und gesellschaftlichem Wandel. Beide sind aufeinander bezogen, ganz organisch ergibt sich ein Zusammenwirken von gesellschaftlichen Veränderungen und politischer Entscheidungsfindung. Dieser Fall wirft relativ wenige Probleme auf, Politik und Gesellschaft stehen in einem entspannten Verhältnis zueinander. Die Politik fällt die Entscheidungen, die die Gesellschaft braucht, um sich zu verändern, drängt ihr sozialen Wandel aber nicht auf.

Der dritte Fall ist der des politisch indizierten Wandels, der auf eine veränderungsunwillige, träge oder einfach nur routinisierte Gesellschaft trifft. Hier macht nicht die Gesellschaft Druck auf die Politik, sondern die Politik macht Druck auf die Gesellschaft, will deren Veränderung anreizen, vorantreiben oder erzwingen und Beharrungskräfte überwinden. Das ist auf der Ebene gesetzgeberischer Einzelmaßnahmen (zum Beispiel im Steuerrecht) recht unproblematisch und fortwährendes politisches Geschäft, aber viel anspruchsvoller, wenn soziale Handlungsroutinen, Selbstverständnisse, latente kulturelle Muster oder soziale Arrangements herausgefordert werden. Man könnte sagen: Je größer der politische Veränderungsschnitt, desto

Entscheidungen selbst schon zu problematisieren. Es gibt eine längere Theorietradition, die sich auch mit Nichtentscheidungen, mit *non-decisions*, beschäftigt und uns darauf hinweist, dass Nichtentscheidungen eben auch Entscheidungen sind (Peter Bachrach/Morton S. Baratz, *Two Faces of Power*. In: *American Political Science Review*, Nr. 56/4, Dezember 1962). Strategisches Nichtentscheiden – auf Deutsch: das Aussitzen – ist ja eine nicht unübliche politische Praxis. Wer es schafft, Entscheidungen zu unterbinden oder Alternativen auszublenden, ist sehr machtvoll und kann den Lauf der Dinge für sich entscheiden.

schwieriger die gesellschaftliche Vermittlung politischer Entscheidungen. Andererseits gibt es die verbreitete, aus der Technologieforschung stammende Vorstellung eines »cultural lag«,[4] also eines zeitlich nachgeordneten kulturellen Nachvollziehens von Innovationen oder systemischen Veränderungen. Diese Denkfigur wird zwar mitunter auf politische Entscheidungen übertragen, dies wird der Sache aber kaum gerecht.

Es gibt – dieses wäre der vierte zumindest der Vollständigkeit halber zu erwähnende Fall – auch den Wandel als Störung, der sowohl seitens der Politik wie auch der Gesellschaft als Problem empfunden wird. Wandel passiert ja auch ungeachtet der Intentionen und Befindlichkeiten von Gesellschaft und Politik, etwa als exogener Schock (Konflikte, Kriege, ökonomische Krisen), als Aggregationseffekt vieler Einzelhandlungen oder ganz generell als nichtintendierte Nebenfolge sozialen Handelns. Soweit dieser Wandel nicht verhinderbar ist, muss er politisch wie gesellschaftlich verarbeitet werden. Politisch kommt es hier zumeist darauf an, durch kompensatorische Maßnahmen Folgeschäden zu minimieren oder Verlierer zu entschädigen.[5] Auf der gesellschaftlichen Seite hingegen geht es um Coping, also um Bewältigungsverhalten, mit dem versucht wird, mit als belastend empfundenen Situationen oder kollektivem Stress umzugehen beziehungsweise Verluste und Konflikte aufzufangen.

Am interessantesten ist natürlich der dritte Fall, bei dem die Politik sozialen Wandel induzieren oder herbeiführen will. Hebt man das von der unmittelbaren politischen Betrachtung ab und interessiert sich allgemeiner für soziale Wirkungen und Folgen, dann lässt sich sagen: Viele soziale Prozesse

4 William F. Ogburn, *Cultural Lag as Theory*. In: *Sociology & Social Research*, Nr. 41, 1957.

5 Zu dem sub-inkrementalistischen Entscheidungshandeln, zu dem Politik in akuten Krisenlagen gezwungen und das nur in deren Kontext verständlich ist, vgl. Uwe Schimank, *Nur noch Coping: Eine Skizze postheroischer Politik*. In: *Zeitschrift für Politikwissenschaft*, Nr. 21/3, 2011. Das »Nur noch Coping« zielt auf unmittelbare Bewältigung und weist deshalb einen immer engeren, gegenwartsfokussierten Zeithorizont auf. Die Kurzfristigkeit ist mit einer »Zielausdünnung« verbunden und hat damit den nicht unwesentlichen Nachteil, dass sie Gesellschaften keinen Sinn oder keine Idee des Politischen als Gestaltungsprogramm mehr vermitteln kann. Zukunft wird zwar im Sinne eines Handlungsbezugs immer noch angerufen, aber eher in Form einer Risikopolitik als Politik des Negativen, die darauf zielt, unerwünschte und als problematisch eingestufte Zustände zu verhindern oder mindestens abzumildern. Vgl. Andreas Reckwitz, *Risikopolitik*. In: Michael Volkmer/Karin Werner (Hrsg.), *Die Corona-Gesellschaft. Analysen zur Lage und Perspektiven für die Zukunft*. Bielefeld: transcript 2020.

brauchen eine sehr lange Zeit, um sich zu entfalten, zu diffundieren oder soziale Geltung zu erlangen. Die Temporalstrukturen der Politik weichen dann stark von den Temporalstrukturen der Veränderung von Handlungsorientierungen, Lebensweisen etc. ab. Oft ist lange Zeit unklar, ob es überhaupt zu einer Diffusion oder einem Einsickern politisch gesetzter Parameter kommt oder – um es plakativ zu sagen – ob Politik nicht »am Volk vorbei« gemacht wurde.

Im für veränderungsorientierte oder progressive Politik schlechtesten Fall werden politische Entscheidungen durch Festhaltementalitäten ausgebremst. Dann erscheint die Gesellschaft als träge Masse, die sich durch Politik nicht bewegen oder verändern lässt. Besitzstandswahrung, Kontinuitätsverteidigung oder Gewohnheitsfetisch sind hier typische Leitorientierungen, die sich politisch indiziertem Wandel entgegenstemmen. Politisch entspräche das dann eher einem konservativen Politikstil, der die Kontinuitäts- und Stabilitätsbedürfnisse der Gesellschaft ins Zentrum stellt. Es darf nicht zu schnell gehen, auch die Langsamen müssen Zeit bekommen, sich anzupassen und umzustellen. Wer am Vergangenen oder Kontinuierlichen festhalten will, soll sich nicht bedrängt oder provoziert fühlen. Armin Nassehi hat das konservative Bezugsproblem als eines beschrieben, bei dem sich »das Gelingen von Steuerungsmöglichkeiten vor allem daran bemisst, ob die Adressaten mit Veränderungs- und Transformationsgeschwindigkeiten und -zumutungen umgehen können«.[6] Es geht hier um ein grundlegendes Verständnis für soziale Trägheit, die Entlastung durch Routinen und reduzierte Veränderungsbereitschaft.

Alle Versuche, Politik mit der Brechstange zu machen und Gesellschaften einen grundlegenden Wandel aufzuzwingen, erweisen sich als hoch riskant, da die gesellschaftliche Komplexität und die sozialen Eigensinnigkeiten dem entgegenstehen. Die Politik der »großen Geste« scheitert oft, sinnvoller sei daher – so meinen manche – eine Politik der kleinen Schritte.[7] Aber es wäre sicherlich fatal, würde man der Politik raten, in jedem Fall auf die Gesellschaft zu warten. Der Klimawandel ist ja nichts, was man zeitlich auf die lange Bank schieben könnte, ein Zuwarten birgt große Risiken für das Überleben insgesamt. Wie also auf die Gesellschaft einwirken?

Ein erstes politisches Denkmodell orientiert sich an Aufklärung und Wissen, weshalb man es auch als kognitives Modell bezeichnen kann. Dreh-

6 Armin Nassehi, *Die träge Masse. Über die Unterschätzung konservativer Bezugsprobleme*. In: *Kursbuch*, Nr. 215, September 2023.

7 Armin Nassehi, *Kritik der großen Geste. Anders über gesellschaftliche Transformation nachdenken*. München: Beck 2024.

und Angelpunkt ist der aufgeklärte Bürger, der sich von guten Argumenten überzeugen lässt, die eigene Lebensweise umzustellen oder alte Gewohnheiten fallenzulassen. Menschen sind danach in der Lage, auf Grundlage ausreichender Informationen zu einer informierten Präferenzbildung zu kommen, die einer evidenzbasierten und gut begründeten Politik nicht entgegensteht.

Ein zweites politisches Denkmodell sieht die Gesellschaft als Herde, die man von hinten führen kann. Der sanfte Druck, das milde Mittel, wohlwollender Paternalismus und Nudging – ein Anfüttern der Herde – sind hier entscheidende, zumeist behavioristisch ausgerichtete Ansätze, um gesellschaftliche Veränderungen auszulösen. Eine andere Welt ist möglich, aber der Weg dorthin kommt ohne Disruption aus und kann viele im Grunde anstrengungsarm mitnehmen, wenn man sie nur richtig leitet. Das ist eine Art von Politik, die das Wort »Zumutung« aus dem Vokabelschatz ausschließt und darauf hofft, dass die Mitglieder der Gesellschaft politisch ausgelegten Ködern hinterherlaufen.

Ein drittes Denkmodell stützt sich auf Mobilisierung durch Außerordentlichkeit – man könnte auch vom Revolutionsmodell sprechen.[8] Hier geht es um heroische Politik, die mit drastischen Apellen versucht, Mitmachbereitschaften herzustellen, Leidenschaften oder sogar einen revolutionären Geist der Veränderung zu wecken. Existentielle Fragen des Überlebens oder die Verteidigung der Grundwerte der politischen Ordnung sind zumindest in unserer Gesellschaft die Kernelemente einer solchen elektoralen Ansprache, allerdings erweist sich die Verstetigung dieser politischen Energieform als schwierig. Beständige Weckrufe oder Alarmsignale und eine übersteigerte politische Rhetorik erschöpfen sich mit der Zeit.

Dann müsste man noch die listige Politik als vierte Variante erwähnen. Wir wissen aus der Forschung, dass es ein ganzes Repertoire von Regierungstechniken gibt, um Wandel einzuleiten und gleichzeitig die Risiken einer elektoralen Revanche möglichst klein zu halten. Knackpunkt ist dabei die in der politikwissenschaftlichen Literatur vielzitierte »blame avoidance«:[9] Die Politik bemüht sich dabei, zu verhindern, dass ihr bestimmte, als negativ empfundene Entscheidungsfolgen zugerechnet werden. In Koalitionsregierungen

8 Hedwig Richter / Bernd Ulrich, *Demokratie und Revolution. Wege aus der selbstverschuldeten ökologischen Unmündigkeit*. Köln: Kiepenheuer & Witsch 2024.

9 Giuliano Bonoli, *Blame Avoidance and Credit Claiming Revisited*. In: Ders. / David Natali (Hrsg.), *The Politics of the New Welfare State*. Oxford University Press 2012; Paul Pierson, *The New Politics of the Welfare State*. In: *World Politics*, Nr. 48/2, Januar 1996.

werden die Parteien sorgsam darauf achten, dass Reformkosten anderen angelastet werden. Es ist auch möglich, die Vorgängerregierung in Haftung zu nehmen. Stichworte aus der Debatte zu unpopulären politischen Reformen und der Minimierung sozialer und politischer Kosten sind Verantwortungsdiffusion und Obfuskation, also das Verschleiern oder Vernebeln von möglichen Wirkungen und Folgen, so dass sie weder gut nachvollzogen noch zugerechnet werden können. Ein anderer Weg ist die Verlagerung von Effekten in die Zukunft (das ist beispielsweise typisch für Rentenreformen). Dabei trifft man in der Gegenwart Entscheidungen, die dann erst in der Zukunft Wirkungen entfalten – eine Art der politischen Schmerzverzögerung, um einer unmittelbaren elektoralen Revanche auszuweichen.

Pioniere und Nachzügler: eine Grundkonstellation

Diese Betrachtungen sind natürlich stark vereinfachend, denn sowohl Politik wie auch Gesellschaft erscheinen hier als monolithische Blöcke und nicht selber in ihren Temporalitäten intern strukturiert. Wandel wie Entscheidungen werden ja gesellschaftlich höchst differenziert und nicht nach einem einheitlichen Muster verarbeitet. Strukturierend wirken hier ökonomische Ressourcen, Affektlagerungen und psychische Dispositionen sowie kognitive und kulturelle Kompetenzen, die bestimmen, wie man in der Lage ist, sich auf veränderte Umwelten einzustellen oder sich auf Neues einzulassen. Diese Ressourcen, Kompetenzen und Dispositionen sind sehr ungleich verteilt und korrespondieren mit der Stellung in der Sozialstruktur – obwohl sie nicht vollständig darauf zurückzuführen sind. Das gilt vor allem für die psychischen Dispositionen und die Frage, wie gesellschaftlicher Stress bewältigt werden kann. Die auf Temporalstrukturen ausgerichtete Konfliktlagerung in einer Gesellschaft zeigt sich nicht nur in den Generationenverhältnissen, sondern in der Stellung zu den Zeitverhältnissen insgesamt. Das ist ein Thema, das sich in statischen Gesellschaften nicht stellt, aber in dynamischen und stark beschleunigten schon: Wer sind die Langsamen, wer die Mittelschnellen und wer die Tempomacher, und durch welche sozialstrukturellen Fraktionen werden sie repräsentiert? Ob man will oder nicht, politische Entscheidungen sind aus der Perspektive einer Gesellschaft unterschiedlicher Geschwindigkeiten auch immer Begünstigungs- oder Benachteiligungsverhältnisse.

Deshalb kommt man dem prekären Verhältnis von Politik und gesellschaftlichem Wandel besser auf die Schliche, wenn man davon ausgeht, dass in jeder Gesellschaft eine Vielzahl von unterschiedlichen Geschwindigkeitsbefähigungen existiert und diese mit gesellschaftlichen Gruppen oder

Bevölkerungssegmenten in Verbindung stehen, woraus nun eine spezifische Konfliktlogik resultiert. Pointiert formuliert: Es gibt die Langsamen und die Schnellen, die Flexiblen und die Starren, die Veränderungsbereiten und die Kontinuitätsbedürftigen, die auf je eigene Weise mit sozialem Wandel umgehen und auf je eigene Weise auf politische Entscheidungen reagieren, mit denen dieser Wandel vollzogen, initiiert oder durchgesetzt wird. Aus diesem Grund ist es unter Bedingungen des beschleunigten sozialen Wandels womöglich geboten, von einem engeren *positionalen* Konfliktmodell der Gesellschaft zu einem *temporalen* zu kommen, bei dem zu fragen wäre, wer – also welche Gruppen und sozialen Kollektive – sich wie zum Wandel verhält. Zugespitzt könnte man von der Gesellschaft unterschiedlicher Geschwindigkeiten sprechen, von sozialen *Geschwindigkeitsklassen.*

Der Pionier, so heißt es in Karl Mannheims *Soziologie der Intellektuellen*, »ist zu einer zentralen Figur in diesem Wandel geworden, denn er akzeptiert ihn als das, was er ist, und ist stets bereit, seine Position in einer veränderten Ordnung zu überprüfen«. Selbstprüfung, Selbstrevision und Anpassungsfähigkeit sind Merkmale des Pioniers. Das Gegenbild sind die Konservativen oder Traditionalisten, die sich in der sozialen Ausprägung durch Festhaltementalitäten, Veränderungsaversion und Inflexibilität charakterisieren lassen. Sie bleiben bei dem, was sie kennen, brauchen das Korsett des Gewohnten. Dabei können Kontinuitätsbedürfnisse so stark und so dominant werden, dass sozialer Wandel blockiert wird, man einfach »aus der Zeit fällt« oder den Anschluss verliert.

Das Gefühl, gesellschaftlich nicht mehr mitzukommen und von Richtung und Tempo des Wandels abgekoppelt zu sein, ist jedenfalls eine gesellschaftlich recht verbreitete Grundempfindung. So haben es Thomas Lux, Linus Westheuser und ich in unserem Buch *Triggerpunkte* (2023) festgestellt: »Die Angst, den Anschluss zu verlieren, kann gewissermaßen als verallgemeinerte Beschreibung eines Weltverhältnisses verstanden werden, bei dem man mit den Veränderungen nicht mehr Schritt hält, sich überfordert fühlt. Die Welt ist immer weniger die Welt, die man kannte und in der man gut zurechtkam, sie erscheint nun vielmehr fremd und zumutungsreich. ›Ich komme da nicht mehr mit‹, ›Ich weiß nicht mehr, was die wollen‹, ›Wo soll das alles hinführen?‹ oder ›Das geht mir viel zu schnell‹ sind typische Ausdrucksweisen für diese Gefühlslage […] Die Zunahme der Komplexität, die Beschleunigung des sozialen Wandels und gesteigerte Anforderungen an die Individuen, mit unübersichtlichen und widersprüchlichen Erwartungen umzugehen, machen das Risiko des Überfordert-Seins in unserer Gesellschaft allgegenwärtig. Ob man mit dieser Grundkonstellation erfolgreich umgehen kann, hängt von einer Reihe von Faktoren ab: kognitiven Kompetenzen, Resilienz sowie vor allem aber ökonomischen, sozialen und kulturellen Ressourcen – und diese sind in der Gesellschaft ungleich verteilt.«[10]

In den unterschiedlichen Bezügen zur Zeitdimension liegen die Ursachen für Geschwindigkeitskonflikte. Man geht sicher nicht falsch in der Annahme, dass man eine ganze Reihe von gesellschaftlichen Konflikten in diesem Sinn als *Zeitkonflikte* (und nicht notwendigerweise als Zielkonflikte) verstehen kann. Veränderungspioniere können oft nicht warten, bis der Rest der Gesellschaft hinterherkommt. Gesellschaftspolitische Positionen der Trägheit und des Festhaltens stellen sich dabei aber als weniger fix und beständig dar, als man manchmal meinen könnte, sie brauchen aber viel länger, um sich anzupassen oder zu akkommodieren, wie man am Beispiel veränderter Geschlechterrollen oder der sexuellen Identität leicht sehen kann. Gesellschaftliche Veränderungen sind auch hier diffundiert und haben fast alle Gruppen und Milieus erfasst, aber in unterschiedlichen Tempi.

Für das Verhältnis von Wählerinnen und Wählern zur Politik geht es aus dieser Perspektive dann nicht nur um Fragen der ideologischen oder programmatischen Ausrichtung, sondern um zeitliche Taktung, Geschwindigkeiten oder Abfolgen. Allerdings können aus diesen ungleichzeitigen Zeitverhältnissen auch selbst Brüche entstehen. Anders formuliert: Aus angespannten Zeitverhältnissen können Richtungsentscheidungen werden, nämlich dann, wenn die Langsamen nicht nur hinterherlaufen, sondern in regressive Gegenwehr umschalten. Die Thesen vom kulturellen Backlash sehen ja die Betonung nationaler und traditionalistischer Werte als eine unmittelbare Reaktion auf dynamische Trends der Liberalisierung.[11] Der kausale Nexus wäre dann wie folgt: Weil die einen so schnell voranschreiten, wenden sich die anderen ab. Diese Forschungen sehen Reaktanz als inneren oder mentalen Widerstand auf empfundenen äußeren Druck – das kann natürlich auch Beschleunigungsdruck sein –, der dann dazu führt, dass sich Gruppen gänzlich verweigern.

Das ist auch eine Idee, die Thomas Lux, Linus Westheuser und ich in *Triggerpunkte* diskutiert haben, etwa wenn der Populismus zum Andockpunkt für Gruppen wird, die sich vom Wandel abgekoppelt fühlen oder durch ihn tatsächlich verohnmächtigt werden. Populismus ist mehr als Antipluralismus und die Entgegensetzung von Volk und Elite, es ist auch

10 Steffen Mau/Thomas Lux/Linus Westheuser, *Triggerpunkte. Konsens und Konflikt in der Gegenwartsgesellschaft*. Berlin: Suhrkamp 2023.

11 Ronald F. Inglehart/Pippa Norris, *Trump, Brexit, and the Rise of Populism: Economic Have-Nots and Cultural Backlash*. HKS Working Paper Nr. RWP16-026. Cambridge/Mass.: Harvard Kennedy School 2016.

immer ein programmatisches Angebot an die Langsamen oder besser: der Verlangsamung. Denn die Progressiven senden die Botschaft: Du musst dich verändern, um dich an eine sich verändernde Welt anzupassen. Die Populisten entgegnen: Nicht du musst dich verändern, sondern die Welt muss deine Lebensweise und Veränderungsbereitschaft zum Maßstab nehmen und sich auf dich einstellen. Im Fall populistischer Ansprache werden durchaus legitime Kontinuitätsbedürfnisse der Gesellschaft aber noch in etwas anderes umgemünzt: in vereinfachende Interpretationsschemata des »Wir« und »Sie« und in Phantasmen der Homogenität. Hier werden Verteidigungsbereitschaften des Gewesenen mobilisiert, es geht um die Abwehr von Veränderung, Abweichung und Diversität.

Temporalität und Geschwindigkeit

Ich will dies an drei Beispielen mit jeweils unterschiedlichen Entscheidungskonstellationen illustrieren: der europäischen Integration, der deutschen Einheit beziehungsweise der ostdeutschen Transformation und der sozialökologischen Transformation.

Europäische Integration: Das europäische Projekt beinhaltete in seinem ursprünglichen Anspruch einen politischen, wirtschaftlichen und sozialen Zusammenschluss der Mitgliedsländer mit dem Ziel, wirtschaftlichen Wohlstand und Frieden zu schaffen, Kooperation zu vertiefen und global handlungsfähig zu sein beziehungsweise zu werden. Zwar gibt es auch eine Europäisierung »von unten« durch die sozialen Praktiken der Bürgerinnen und Bürger, es gibt aber keinen »natürlichen« sozialen Wandel hin zu mehr Europa oder sozialer europäischer Verbundenheit, der einen so tiefen Integrationsprozess tragen könnte.[12] Die Vorstellung eines »permissiven Konsenses« im Gefolge funktionalistischer Integrationstheorien wiederum besagte, dass Europa zwar ein Elitenprojekt sei, aber keines, das gegen die Bevölkerung durchgesetzt werden müsse.[13] In der Bevölkerungsmehrheit herrsche eine wohlwollende Gleichgültigkeit, die dem Voranschreiten und Vertiefen der Integration nicht entgegenstehe. Eine solche Entscheidungs-

12 Donatella della Porta / Manuela Caiani, *Europeanization from Below? Social Movements and Europe*. In: *Mobilization – An International Quarterly*, Nr. 12/1, März 2007; Ettore Recchi / Adrian Favell (Hrsg.), *Pioneers of European Integration: Citizenship and Mobility in the EU*. Cheltenham: Edward Elgar Publishing 2009.

13 Liesbet Hooghe / Gary Marks, *A Postfunctionalist Theory of European Integration: From Permissive Consensus to Constraining Dissensus*. In: *British Journal of Political Science*, Nr. 39/1, Januar 2009.

konstellation ist politisch vorteilhaft, weil sie den Integrationseliten große Spielräume verschafft. Sie können politisch dem vorgreifen, was gesellschaftlich noch nicht vorhanden ist, beispielsweise ein europäisches politisches Bewusstsein oder eine paneuropäische Identität.

Wenn Politik vorgreifen soll, dann beinhaltet das die Erwartung, dass die Gesellschaften nachziehen, weil ansonsten die Politik an irgendeiner Stelle die Rückbindung an die Bevölkerungen verliert. Immer weitere politische Integrationsschritte ohne gesellschaftliche Europäisierung oder neue Formen der politischen Bewusstseinsbildung wären jedenfalls ein risikoreiches Unterfangen. Die frühe Integrationstheorie ist daher von Spill-over-Effekten ausgegangen: Wenn sich Politik, Recht, Infrastrukturen etc. europäisieren, würden sie darüber hinausgehende Eigendynamiken entfalten, die dann immer weitere gesellschaftliche Bereiche erfassen würden.[14] Karl Deutschs Theorie der europäischen Integration hat diesen Grundgedanken mit einer transaktionalistischen Grundthese unterfüttert.[15] Wenn politische Integrationsschritte die Bedingungen für grenzüberschreitenden Austausch verbesserten, wenn Europäer sich in unterschiedlichsten Sozialformen miteinander verbänden, wenn neue Formen der Konnektivität entstünden, dann käme es auch zu einer »subjektiven Europäisierung«, in der die Europäer ein Wir-Gefühl und eine gemeinsame Identität entwickelten.

Es gibt zahlreiche Publikationen, die sich unter der Überschrift »Creating Citizens of Europe« darüber Gedanken gemacht haben, wie es gelingen kann, ein europäisches Bewusstsein zu schaffen.[16] Eine der zentralen Vorstellungen war, dass sich aus institutionellen Integrationsschritten auch soziale – paneuropäische – Praktiken der gelebten Europäisierung ergäbe, die dann zur Identifikation mit dem europäischen Projekt führten. Von M. Rainer Lepsius stammt das recht bekannte Verdikt »Die Institutionenbildung geht der Bewusstseinsbildung voraus«,[17] demzufolge die in Institutionen inkorporierten kulturellen Leitideen oder Wertvorstellungen gesellschaftlich nach und nach verdaut werden. Er sieht also mit Rückgriff auf Max Weber ein Primat der Institutionen, oder noch stärker formuliert: Sozialer Wandel

14 Ernst B. Haas, *International Integration. The European and the Universal Process.* In: *International Organization*, Nr. 15/3, Sommer 1961.

15 Karl W. Deutsch, *Political Community and the North Atlantic Area.* Princeton University Press 1957.

16 Richard Bellamy / Dario Castiglione / Jo Shaw (Hrsg.), *Making European Citizens. Civic Inclusion in a Transnational Context.* London: Palgrave Macmillan 2006; Willem Maas, *Creating European Citizens.* Lanham: Rowman & Littlefield 2007.

17 M. Rainer Lepsius, *Institutionalisierung politischen Handelns. Analysen zur DDR, Wiedervereinigung und Europäischen Union.* Wiesbaden: Springer VS 2013.

erfolge durch Institutionenwandel. Auch Jürgen Habermas ist in eine ähnliche Richtung gegangen und hat von der EU gefordert, quasi im Vorgriff auf eine nachfolgende Bewusstseinsbildung weitere Integrationsschritte zu gehen, die die nationalen Beschränkungen überwinden. »Kollektive Identitäten«, so Habermas in *Die postnationale Konstellation* (1998), »werden eher gemacht als vorgefunden.« Damit hätte die objektive Europäisierung der Institutionen und ökonomischen Verflechtung notwendigerweise eine subjektive Europäisierung der Mentalitäten, Identitäten und Bewusstseinsformen zur Folge.

Empirisch deutet bislang allerdings wenig darauf hin, dass grenzüberschreitende Interaktionen, Mobilität und Netzwerksbildungen notwendigerweise in einen Legitimationsschub für Europa münden würden.[18] Im Gegenteil, auch die aus der Perspektive eines »doing Europe« (Reisen, Einkaufen, Studieren etc.) fleißigsten Europäer können Europafeinde sein. Jedenfalls ist erkennbar, dass ein solches Integrationsprojekt auch scheitern kann, wenn sich die Gesellschaften nicht selbst europäisieren und stattdessen nationale Bewusstseinsformen die Überhand behalten oder gewinnen. Die jüngsten Erfolge populistisch-nationalistischer Parteien in Europa, die sich offen gegen die europäische Integration positionieren und diese sogar zurückdrehen wollen, sind jedenfalls ein klares Zeichen dafür, dass von politischen Integrationsschritten noch längst kein gesellschaftlicher Sog in Richtung Europäisierung ausgeht.

Ostdeutsche Transformation: Der Prozess der deutschen Einheit und der ostdeutschen Transformation ist in seinen Facetten schon vielfach beschrieben worden.[19] Es sei aber daran erinnert, dass die Politik von den DDR-Bürgern mit Nachdruck zu einem schnellen Weg in die Einheit aufgefordert wurde – anders kann man das Ergebnis der letzten Volkskammerwahl der DDR im März 1990 nicht interpretieren. Es gab also ein klares Mandat des Wegs in die Einheit und damit zumindest indirekt ein Mandat für die Übernahme des bundesrepublikanischen Institutionensystems. Der Fertigstaat der Bundesrepublik inkorporierte die ökonomisch und politisch insolvente DDR, Aufbau Ost wurde zum Nachbau West.

Nun könnte man annehmen, hier hätte man es mit einem Fall zu tun, bei dem »der Wille des Volkes« politisch nur vollzogen werden musste – und

18 Theresa Kuhn, *Experiencing European Integration: Transnational Lives and European Identity.* Oxford University Press 2015.

19 Ilko-Sascha Kowalczuk, *Die Übernahme. Wie Ostdeutschland Teil der Bundesrepublik wurde.* München: Beck 2019; Steffen Mau, *Lütten Klein. Leben in der ostdeutschen Transformationsgesellschaft.* Berlin: Suhrkamp 2019.

damit mit einem legitimatorisch und motivational unproblematischen Fall. Doch weit gefehlt. Auch diese gewollte Transformation hat ein vertracktes Verhältnis von Politik und (ostdeutscher) Gesellschaft geschaffen. Die ostdeutsche Transformation muss als exogen bezeichnet werden, und zwar in dreifacher Hinsicht: im Hinblick auf die öffentlichen Finanztransfers, im Hinblick auf die zu implementierenden Institutionen und im Hinblick auf die Transfereliten. Das verschob die gerade erst gewonnene Handlungs- und Entscheidungsmacht von den Ostdeutschen – soweit man sie kollektiv so bezeichnen will – zu den westdeutschen Eliten. Diese wurden zu den zentralen Akteuren des sozialen Wandels, was einen inhärent enttäuschungsanfälligen Prozess in Gang setzte, denn alle Folgeprobleme der Wiedervereinigung konnten auf diese Entscheidungsträger projiziert werden. Aus westlicher Sicht bestand der Vorteil darin, dass Personen mit Know-how die Dinge übernahmen, für die Ostdeutschen bedeutete das, dass sie in eine Rolle als Politiknehmer und weniger als Politikgestalter hineingedrängt wurden. Sie wurden, nachdem der Einigungsvertrag unterschrieben war, entscheidungsmäßig passivisiert, was zu einem breiten Gefühl der Verohnmächtigung führte. Den Ostdeutschen, so eine Beobachtung von Jürgen Habermas, wurde damit die Möglichkeit entzogen, »eigene Fehler zu machen und aus eigenen Fehlern zu lernen«.[20]

Etwas anders gelagert war die Situation in Mittel- und Osteuropa, wo auch Berater, Thinktanks, die Europäische Union und westliche Experten unterwegs waren, aber eher konsultativ wirkten. Dennoch war auch dies kein ganz reibungsloser Prozess, wie Stephen Holmes und Ivan Krastev anhand der Formel des »Nachahmungsimperativs« deutlich gemacht haben.[21] Danach bemühten sich die mittel- und osteuropäischen Staaten intensiv darum, das westliche System und die Institutionen zu übernehmen, was ihnen die Suche nach eigenen gesellschaftspolitischen Gestaltungsoptionen ersparte. Zugleich entwickelte sich ein Hierarchieverhältnis zwischen Nachahmern und Nachgeahmten dergestalt, dass die einen den anderen sagen konnten, was zu tun sei und wo sie sich noch verändern müssten, um dem Vorbild gerecht zu werden. Das Nachahmen eines kaum einholbaren Vorbilds führt, so Holmes und Krastev, mittelfristig in eine Abneigung und das Streben nach eigener Würde durch Abgrenzung. Der Rechtspopulismus in

20 Jürgen Habermas, *Moralischer Universalismus in Zeiten politischer Regression: Jürgen Habermas im Gespräch über die Gegenwart und sein Lebenswerk*. In: *Leviathan*, Nr. 48/1, 2020.

21 Ivan Krastev/Stephen Holmes, *The Light that Failed. A Reckoning*. London: Allen Lane 2019.

Mittel- und Osteuropa wird hier sogar als Reaktion auf die teils ernötigte, aber teils auch gewollte Nachahmung verstanden.

Die Kernfrage in der Diskussion der 1990er Jahre war, ob die neuen Institutionen in Ostdeutschland überhaupt erfolgreich Fuß fassen könnten, denn mit dem schlagartigen Austausch von Institutionen seien die gesellschaftlichen Routinen, Mentalitäten und Handlungsorientierungen ja noch nicht verändert.[22] Es geht hier also zentral um das Verhältnis von schnellen Institutionen und langsamen Menschen, um die Verbindung zwischen politischen Weichenstellungen und der Zählebigkeit soziokultureller Grundmuster. Träfen transferierte Institutionen auf gesellschaftliche Lebensweisen, die mit den durch sie inkorporierten Leitvorstellungen inkompatibel seien, würden sie auch in ihrer Funktionalität unterminiert. Wolfgang Engler ging in seinem immer noch sehr interessanten Buch *Die zivilisatorische Lücke* Anfang der 1990er Jahre davon aus, dass es zwei bis drei Generationen bedürfe, bis durch politische Entscheidungen veränderte Handlungsstrukturen veränderte Handlungsdispositionen von Individuen nach sich ziehen.[23] Er unterstrich die Lücke zwischen schnellen politischen Entscheidungen und langsamen oder trägen Handlungsroutinen, die erst einen längeren Prozess der Anpassung und Akkommodation durchzumachen hätten. Aber: »Wenn der strukturellen Wende keine habituelle folgt, wenn der Umbau der Persönlichkeitsstrukturen misslingt, dann stehen die neugeschaffenen Institutionen und Verkehrsformen gleichsam nackt da.« Eine solche Perspektive erlaubt, zumindest einige der Fehlentwicklungen, Unwuchten und die festgesetzte Unmutskultur in Ostdeutschland mit vergangenen Entscheidungen in Verbindung zu bringen.

Ökologische Transformation: Wir haben in *Triggerpunkte* darauf verwiesen, dass die Vorstellung in die Irre führt, beim Konflikt um das Klima handele es sich zuvorderst um einen Konflikt zwischen Klimabewussten oder Klimaleugnern oder zwischen den Gläubigen der fossilen Kirche und denen der regenerativen Glaubensgemeinschaft. In Deutschland zumindest muss man den Konflikt ums Klima zuallererst als Zeit- und Verteilungskonflikt verstehen. Er beruht auf der Grundspannung zwischen einem klimapolitischen Sofortismus[24] auf der einen Seite und einem Verschleppen und

22 Claus Offe, *Der Tunnel am Ende des Lichtes. Erkundungen der politischen Transformation im Neuen Osten*. Frankfurt: Campus 1994.

23 Wolfgang Engler, *Die zivilisatorische Lücke. Versuche über den Staatssozialismus*. Frankfurt: Suhrkamp 1992.

24 Jens Beckert, *Verkaufte Zukunft: Warum der Kampf gegen den Klimawandel zu scheitern droht*. Berlin: Suhrkamp 2024.

Verzögern, das das Tempo der Veränderungszumutungen als zu hoch empfindet, auf der anderen. Welch große Rolle die Zeitlichkeit bei diesem Thema spielt, merkt jetzt ja auch die grüne Partei, die von der Letzen Generation und von Fridays for Future attackiert wird, weil sie – nunmehr in der Regierungsverantwortung stehend – in der klimapolitischen Transformation als zu langsamer Akteur erscheint.

Das heißt übrigens nicht automatisch, dass all diejenigen, denen es demgegenüber bereits jetzt zu schnell geht, die Ziele sozialökologischer Transformation grundsätzlich ablehnen würden. Nur schlägt Konsens nun einmal besonders gern dort in Dissens um, wo Routinen erschüttert und Handlungsrepertoires infrage gestellt werden. Wenn die Politik also Ziele wie den Einbau einer neuen Heizungsanlage, ein Tempolimit oder den Abschied von der Fleischwurst propagiert, dann trifft sie bei vielen auf neuralgische Stellen. Das Gebäudeenergiegesetz war in diesem Sinn ein politischer Bumerang, und das nicht nur auf der Ebene medialer Kommunikation. Das Problem entstand durch den Eindruck einer erzwungenen Verhaltensänderung, bei der viele vermuteten, nicht mithalten zu können oder überfordert zu werden. Diese Art der Ökotechnokratie muss damit rechnen, auf große Widerstände und eine erhebliche Veränderungsunwilligkeit zu treffen.

Welche Gruppen sich wie positionieren, hat dabei entscheidend mit Ressourcen- und Kompetenzfragen zu tun. Vor allem in den akademischen Mittelklassen lässt sich eine Selbstaufforderung zur Umstellung der Lebensweise beobachten, die sich in ethischem Konsum oder einem nachhaltigen Lebensstil ausdrückt, der allerdings so ethisch und so nachhaltig nicht ist, wenn man auf die Ungleichheit des CO_2-Fussabdrucks schaut. Hier verursachen die unteren Schichten eine geringere Klimabelastung, aber sie sind skeptischer, wenn es um durch die Politik verordnete Verhaltensänderungen geht. Dabei kann man durchaus einen Zusammenhang zwischen den Autonomieansprüchen im Privaten und der Unterordnung im beruflichen Kontext herstellen. Diejenigen, die aufgrund ihrer Tätigkeit über eine hohe Autonomie und Selbststeuerungskompetenz verfügen, sind oft bereiter, im Privaten Veränderungszugeständnisse zu machen, diejenigen, die in straffe Hierarchien eingebunden sind, eher nicht.

Wichtig sind auch die unterschiedlichen Zeithorizonte der akademischen Mittelschicht und der Arbeiterschicht. Für die erste Gruppe kann eine ökologische Lebensweise in Einklang mit der eigenen investiven und vorausschauenden Lebensführung gebracht werden, bei den anderen sind die Zeithorizonte kürzer, es herrscht eine Lebensführung der Knappheit, die sich in der Frage ausdrückt: Wie soll ich an das Ende der Welt denken, wenn ich es finanziell kaum bis an das Ende des Monats schaffe? Enge finanzielle

Ressourcen und Knappheitserfahrungen machen ein auf die Zukunft ausgerichtetes Entscheidungshandeln weniger wahrscheinlich – die Zukunft schrumpft, in den Vordergrund tritt unmittelbares Bewältigungshandeln, das Überleben von Tag zu Tag und ein allgemeines Durchwursteln. Gegenwartssorgen überlagern hier Zukunftsängste.

Lessons to learn: Erfolgsbedingungen transformativer Politik

Politisch induzierter Wandel ist in seinen Zustimmungsbedingungen immer prekär. Aber wann gelingen politisch indizierte Transformationsprozesse, wann stoßen weitreichende politische Entscheidungen *nicht* auf erbitterten Widerstand von breiten Bevölkerungssegmenten? Dazu ein paar Überlegungen.

Erstens: Das in den Sozialwissenschaften immer noch populäre Diktum, der Institutionenwandel gehe dem Bewusstseinswandel voraus und das Vorgreifen der Politik werde mit Zeitverzögerung gesellschaftlich verarbeitet, führt in die Irre. Es gibt nicht zwangsläufig eine nachhinkende Gesellschaft, sondern vorgreifende politische Entscheidungen können eine Persistenz des Kulturellen und einen Eigensinn der Mentalitäten bewirken.

Zweitens: Politische Entscheidungen brauchen richtiges Timing, das heißt, es gibt eine Zeitpunktabhängigkeit. Damit ist nicht nur die Tempofrage entscheidend, sondern der richtige Moment (Kairos), um Weichenstellungen vorzunehmen.

Drittens: Die Bewältigung von kommendem Wandel baut unmittelbar auf vergangenen Erfahrungen auf. Jüngst wurde gezeigt, dass beim Strukturwandel in der Lausitz Fragen von Anerkennung und »moralischen Verletzungen/Brüchen« der Vergangenheit – hier vor allem der Nachwendetransformation – entscheidend dafür sind, ob es einen Vertrauensvorschuss für und Mitmachbereitschaft beim ökologischen Strukturwandel gibt.[25]

Viertens: Transformationsprojekte müssen Lernprozesse und Rückkopplungsschleifen systematisch mit einbauen. Das bedeutet, dass fortwährend Anpassungsleistungen und Kurskorrektoren zu erbringen sind, die auf Kritik und Unzufriedenheit reagieren und entsprechend nachsteuern. Ansonsten drohen Gesellschaften (oder zumindest Teile davon), Wandel zu verweigern.

25 Konrad Gürtler/Jeremias Herberg, *Moral Rifts in the Coal Phase-Out – How Mayors Shape Distributive and Recognition-Based Dimensions of a Just Transition in Lusatia*. In: *Journal of Environmental Policy & Planning*, Nr. 25/2, 2023.

Fünftens: Entscheidend für gelungene Transformation ist ein »sense of ownership«. Damit ist gemeint, dass Menschen in die Rolle von aktiven Gestaltern des Wandels gebracht werden müssen, so dass sich Fragen von sozialer und politischer Zurechnung und die Wahrnehmung der eigenen Verantwortung anders darstellen. Wandel ohne diesen Aspekt geht häufig mit Gefühlen der Verohnmächtigung und des Subjektverlusts einher, die mit dem Beharren auf dem Status quo beantwortet werden. Nur wenn Transformationen auch zu Eigenprojekten werden, können weiterführende soziale und mentale Lern- und Anpassungsprozesse ausgelöst werden.

Sechstens: Da Transformationen große Zumutungen beinhalten, werden Fairness- und Gerechtigkeitsfragen zentral. Wir haben es hier mit der Problematik der Sicherung von Mitmachbereitschaft für die Herstellung von Kollektivgütern zu tun. Nur wenn die politischen Entscheidungen als nicht nur sachlich, sondern auch moralisch plausibel angesehen werden, kann Mitmachbereitschaft aktiviert werden. Der Sinn für Gerechtigkeit übernimmt hier eine motivationale Funktion, denn nur wenn die Lasten- und Kostenverteilung als fair angesehen wird, sind Menschen bereit, auch Einschnitte hinzunehmen. Die *moralische* Plausibilität von politischen Reformschritten kann sogar die Basis für moralische Rationalität oder ein moralisches Kalkül sein, denn sie nährt die Vorstellung, dass faire Lösungen Gründe des Mitmachens auch für Andere liefern und Trittbrettfahrerei minimiert wird.[26] Das kann auch beinhalten, dass man Kompensationspflichten für Andere anerkennt.

Zum Schluss: Zeitverhältnisse strukturieren das Verhältnis von Politik und Bevölkerung wesentlich. Der häufige Vorwurf an die Politik, sie müsse Reformen beherzter und zukunftsorientierter angehen, übersieht die Frage der gesellschaftlichen Trägheit und möglicher Folgewirkungen von nach vorn drängender Politik. Das Schnelle und das Langsame, das Träge und das Ungestüme, das Drängende und das Festhaltende sind wichtige Zeitbezüge der Gesellschaft, über welche die Politik, zumal wenn sie erfolgreich sein will, nicht hinweggehen kann. Die Politik wird durch diese temporalen Ungleichzeitigkeiten vor enorme Herausforderungen gestellt, die man nicht unterschätzen oder kleinreden sollte. Auf die Langsamen warten verprellt die Schnellen; die Schnellen den Takt vorgeben zu lassen, kann Reaktanz und Bremsverhalten auslösen, was die ganze Entwicklung ins Schlingern bringt, letztlich eine Nebenfolge produziert, die die beabsichtigten Hauptwirkungen verunmöglicht. Prinzipiell darf die Politik aber nicht myopischer

26 Claus Offe, *How Can We Trust Our Fellow Citizens?* In: Mark E. Warren (Hrsg.), *Democracy & Trust*. Cambridge University Press 1999.

und statischer sein als die Gesellschaft, sondern muss sie zukunftsfähiger machen und gesellschaftliche Veränderungskompetenzen stärken. Die Kontinuitätsbedürfnisse der Gesellschaft sollen zwar in der Politik einen Adressaten haben, die Politik darf aber nicht in ihnen aufgehen.

Christian Demand

Homestorys (V): Never too small?

Im September 1928 wurde in Berlin ein großer städtebaulicher Wettbewerb ausgelobt. Initiator war die Reichsforschungsgesellschaft für Wirtschaftlichkeit im Bau- und Wohnungswesen e. V., ein Gremium renommierter Experten, das erst kurz zuvor eingerichtet worden war, um mit staatlichen Fördergeldern den Bau von besonders rationell erstellten Wohngebäuden zu initiieren und wissenschaftlich zu begleiten. Der Wettbewerb war der Startschuss für sein erstes eigenständiges Projekt, eine öffentlich finanzierte, gemeinwirtschaftliche Großsiedlung in Zeilenbauweise, auf einem weitläufigen unbebauten Gelände in Spandau-Haselhorst in unmittelbarer Nähe zu mehreren großen Industriebetrieben gelegen. Sie war ausdrücklich für einkommensschwache Mieter gedacht, sollte deshalb fast zwei Drittel Klein- und Kleinstwohnungen umfassen und unter Verwendung typisierter Grundrisse, genormter Bauteile und moderner Fertigungsweisen so preisgünstig und zugleich so schnell wie möglich errichtet werden.

Das Programm erfüllte in allen wesentlichen Punkten die siedlungspolitischen Zielsetzungen, die die chronisch klamme Berliner Stadtregierung kurz nach Ende des Ersten Weltkriegs angesichts massiver Wohnungsnot, hoher Arbeitslosigkeit und anhaltenden Baustoffmangels festgeschrieben und ab 1924, nach dem Ende der Hyperinflation und der Einführung der Hauszinssteuer, in beeindruckendem Tempo zu realisieren begonnen hatte.[1] Zum Zeitpunkt der Ausschreibung waren in anderen Bezirken bereits zahlreiche ähnliche Projekte auf den Weg gebracht, manche davon sogar

1 Eine Reichswohnungszählung im Jahr 1927 hatte ergeben, »dass im Deutschen Reich 1927 rund eine Million Haushalte keine selbständige Wohnung hatten« und vor allem Klein- und Kleinstwohnungen fehlten. Vgl. Angela Schumacher, *Otto Haesler und der Wohnungsbau in der Weimarer Republik*. Marburg: Jonas 1982. In Berlin, seit 1920 drittgrößte Stadt der Welt, war die Situation besonders desolat, der zusätzliche Bedarf wurde auf 200 000 Wohnungen geschätzt. Angesichts dessen hatte die erste Groß-Berliner Stadtregierung 1921 allgemeine Richtlinien für den Siedlungsbau beschlossen. Sie sahen vor, dass die Kommune für die »minderbemittelte Bevölkerung« eine möglichst große Zahl kleiner Wohneinheiten schaffen werde, die anschließend »im gemeinwirtschaftlichen Besitz« verbleiben sollten. »Ebenso sind neuzeitliche Betriebsarten im Bureau, in der Fabrik und auf der Baustelle, sowie genormte Bauteile und typisierte Grundrisse nach Möglichkeit zur Anwendung zu bringen.« Aus dem stenografischen Bericht der Sitzung der Stadtverordnetenversammlung vom 10. Mai 1921 (digital.zlb.de/viewer/image/16046606_1921/744/).

(zumindest teilweise) fertiggestellt worden. So befand sich etwa die Großsiedlung Siemensstadt mit knapp 1400 Wohnungen in der letzten Planungsphase. Bereits seit 1925 wurde an Bruno Tauts Hufeisensiedlung im Stadtteil Britz gearbeitet, wo in mehreren Bauabschnitten bis 1933 insgesamt 2000 Wohnungen entstehen sollten. Für Haselhorst waren sage und schreibe 4000 angepeilt. Auch wenn es schließlich nur um die 3500 wurden, war die Siedlung mit 12000 Bewohnern doch die größte, die in Berlin in der Zeit der Weimarer Republik gebaut werden konnte.

Die schiere Menge an Wohneinheiten war aber auch schon alles, was die von ihren Initiatoren mit blechernem Pionierpathos und reichlich wissenschaftlichem Tamtam offiziös als »Reichsforschungssiedlung« verkaufte Unternehmung den anderen Berliner Großsiedlungen der zwanziger Jahre voraus hatte. In Fachkreisen meldeten sich schon bald die ersten Stimmen, die von den vielen Effizienz- und Innovationsversprechen keines wirklich eingelöst sahen, sei es nun bautechnisch, logistisch oder auch ökonomisch. Unumstritten war nicht einmal, ob die RFG überhaupt ernstzunehmende systematische Bauforschung betrieb. Dass Haselhorst baukünstlerisch ziemlich anspruchslos ausfiel, und das, obwohl namhafte Architekten, darunter auch Walter Gropius, der Direktor des Dessauer Bauhauses, an allen Planungsschritten beteiligt gewesen waren, wurde von den Zeitgenossen weniger kritisch kommentiert.[2] Angesichts der akuten Notlage, die ästhetische Fragen solchen der wirtschaftlichen Umsetzbarkeit gegenüber als nachrangig erscheinen ließ, ist das verständlich. Es trug aber dazu bei, dass die Siedlung schon in den Architekturdebatten ihrer Zeit keine Rolle spielte, die ihrer Größe auch nur annähernd gerecht geworden wäre. Abseits architekturhistorischer Nischenforschung interessiert sich deshalb schon lange kaum mehr jemand ernsthaft für das Projekt,[3] während die gestalterisch ambitionierteren – und zugleich auch deutlich fotogeneren – Wohnanlagen des

2 Eine der zentralen Planungsmaximen des damaligen Großsiedlungsbaus lautete, dass es hier gerade nicht um die »äußere Massengestaltung und die Fassadengliederung« gehe, sondern um »die Durchkonstruktion der Einzelwohnzelle nach den Grundsätzen eines modernen Wohnbegriffes«. Ernst May, *Die Wohnung für das Existenzminimum*. In: Internationale Kongresse für Neues Bauen Zürich (Hrsg.), *Die Wohnung für das Existenzminimum. Auf Grund der Ergebnisse des II. Internationalen Kongresses für Neues Bauen sowie der vom Städtischen Hochbauamt von Frankfurt am Main veranstalteten Wander-Ausstellung*. Stuttgart: Julius Hofmann 1933.

3 Eine der wenigen Ausnahmen ist die ausgesprochen instruktive Studie von David Kuchenbuch, *Geordnete Gemeinschaft. Architekten als Sozialingenieure – Deutschland und Schweden im 20. Jahrhundert*. Bielefeld: transcript 2010.

Neuen Bauens in Britz oder Siemensstadt zum Inbegriff der Berliner Siedlungsbaukultur der 1920er Jahre geworden sind und als Teil des UNESCO-Weltkulturerbes noch heute auf breite wissenschaftliche wie auf allgemeine öffentliche Aufmerksamkeit stoßen.

Dabei ist Haselhorst als Baudenkmal allein schon deshalb interessant, weil der Blick darauf, anders als bei den als Ikonen der Moderne gefeierten Siedlungen, nicht schon von vornherein auf die ehrfurchtsvolle Bewunderung baukünstlerischer Meisterschaft ausgerichtet ist. So sticht viel stärker ins Auge, mit welch eherner Konsequenz der soziale Wohnungsbau in der Weimarer Republik dem Diktat von Wirtschaftlichkeit und Effizienz verpflichtet war. Einen anschaulichen Eindruck von den architektonischen Gegebenheiten in Haselhorst kann man sich noch heute im größten und ältesten Gebäude der Anlage verschaffen, einem vierstöckigen, zentral gelegenen, schier endlos langen, monotonen Zeilenbau. Nach der letzten Komplettsanierung der Siedlung wurde dort 2014 eine der Kleinwohnungen weitgehend in den Ursprungszustand versetzt und kann seither einmal im Monat besichtigt werden. Für diesen nahezu quadratisch geschnittenen Wohnungstyp ohne Balkon mit drei Zimmern auf 45 Quadratmetern Grundfläche und etwas mehr als zwei Metern Deckenhöhe kamen ehedem nur Ehepaare mit Kindern als Mieter infrage (für Alleinstehende und kinderlose Paare waren Kleinstwohnungen mit 36 Quadratmetern vorgesehen). Um dem beschränkten Raum möglichst geräumige Zimmer abzutrotzen – der Zuschnitt des Schlafzimmers orientierte sich mit 11,15 Quadratmetern am Platzbedarf eines Ehebetts und eines Kleiderschranks –, wurden der billigst ausgestattete Sanitär- und Kochbereich sowie der Flur aberwitzig klein gehalten.

Damit in dem gangartig schmalen, langgestreckten Badezimmer gleich rechts hinter dem Eingang, das nur drei Quadratmeter Fläche beanspruchte, die winzige, wie ein zu groß geratener Keramik-Putzeimer wirkende Wanne an der hinteren Schmalseite überhaupt erreichbar war, musste das davor gelegene Stand-WC im 45-Grad-Winkel schräg zur Seitenwand eingebaut werden. Im wenig mehr als zwei Quadratmeter großen Flur auch nur eine kleine Garderobe unterzubringen, war bei vier Türen, die dort aufeinandertrafen, mangels verbleibender Wandfläche praktisch unmöglich. Aus Kostengründen war auf eine separate Küche mit Einbaumöbeln und damit auf die von vielen Protagonisten des Neuen Bauens propagierte strenge Funktionstrennung von Koch- und Wohnbereich verzichtet worden.[4]

4 Was die angemessene Ausgestaltung der Küche betraf, gab es Ende der 1920er Jahre im progressiven Lager zahlreiche kritische Stimmen wie die von Ludwig Hilberseimer: »Die Ungegliedertheit der üblichen Kleinwohnung zwingt die Bewohner,

Herd und Spülstein waren im dritten Wohnraum in einer engen, seitlichen Nische untergebracht, in der nicht mehr als eine Person stehend Platz fand. Als Arbeitsfläche diente eine unter dem Esstisch montierte, ausziehbare Platte, in die zwei herausnehmbare Emaille-Wannen eingelassen waren. Zusammen mit den Stühlen und dem Büffet an der Rückwand war dann auch dieses Zimmer bereits weitgehend vollgestellt. Angesichts des begrenzten Stauraums hatte die RFG vorsorglich ein Infoblatt mit Abbildungen mustergültig platzsparender Küchengerätschaften drucken lassen.

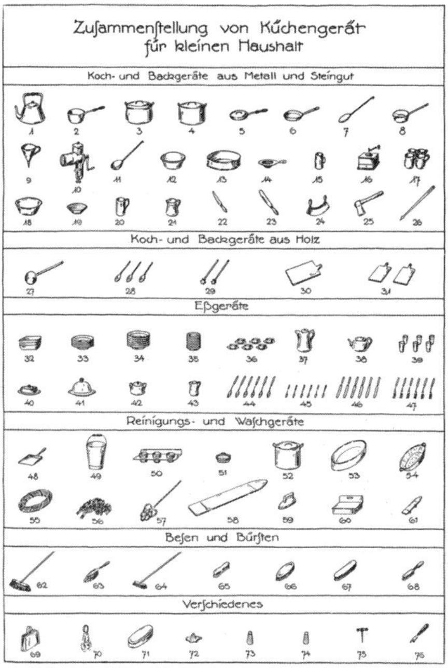

alle Räume als Schlafstuben zu benutzen, so daß kein eigentlicher Wohn- und Eßraum übrigbleibt. Die Mahlzeiten müssen alsdann in der von Kochdünsten verpesteten Küche eingenommen werden (*Über die Typisierung des Mietshauses.* In: *Die Form. Zeitschrift für gestaltende Arbeit*, Nr. 15, Dezember 1926). Man trifft aber durchaus auch auf die gegenteilige Ansicht, derzufolge »für die große Masse der Bevölkerung […] die aus der alten verfehlten Wohnküche entstandene des Wohnraumes mit Kochnische« vorzuziehen sei: »Hier bleibt die Mutter infolge des Fortfallens der Türe in engster Verbindung mit den Kindern. Trotzdem braucht bei richtiger Anlage und ausreichender Entlüftung der Kochnische kein unangenehmer Küchendunst in den Wohnteil zu dringen, im Gegenteil, er wird sogar erheblich geringer sein als bei Vorhandensein einer reinen, die sorgfältige Entlüftung nicht besitzenden Kochküche, deren Tür immer wieder aufgemacht wird oder gar ständig offen bleibt. Dabei kann die Kochnische einen engeren Flächenraum einnehmen, ohne den arbeitenden Menschen so sehr zu beengen,

The Ship Beautiful

Natürlich waren derart rigide Raumsparkonzepte – und Haselhorst ist nur ein Beispiel von vielen – durch die staatlichen Förderrichtlinien im sozialen Wohnungsbau erzwungen wie diese ihrerseits durch die prekären ökonomischen Verhältnisse. Architekten, die realistische Chancen auf eine Beschäftigung haben wollten, hatten sich mit diesen Rahmenbedingungen nolens volens zu arrangieren. Tatsache ist allerdings auch, dass sich die Maxime vom Segen der Schlichtheit, des Weglassens und Verwesentlichens in den öffentlichen wie auch in den Fachdebatten über die Frage nach der Zukunft des Bauens und Wohnens schon lange vor dem Ersten Weltkrieg auf breiter Front durchgesetzt hatte. Tatsächlich war sie im deutschen Sprachraum eine der wenigen allgemeinen Leitvorstellungen, die während der 1920er Jahre über nahezu alle ästhetischen und weltanschaulichen Differenzen hinweg grundsätzlich Zustimmung fanden.

Die besondere, mitunter fast schon manisch wirkende Konzentration des Berufsstands auf die Optimierung von Klein- und Kleinstwohnungen – schon die Zahl der zwischen 1923 und 1933 in Buchform oder auch in den einschlägigen Fachforen veröffentlichten Muster-Grundrisse ist kaum zu überblicken – war somit keineswegs allein aus der Not geboren. Sie lässt sich auch als Ausdruck der Überzeugung verstehen, dass die veränderten Lebensverhältnisse in der modernen, von Wissenschaft, Technik, Industrie und Verwaltung modellierten Gesellschaft, die schließlich jedermann auf allen Ebenen Tempo, Flexibilität und Effizienz abverlangten, eine daran angepasste Architektur erforderten.[5] In dem Maße, in dem es gelang, die

wie die reine Kochküche der Kleinwohnung es tut. Trotzdem wird sie sich bei Abtrennung des Geschirrschrankes, der nun auch in den Wohnraum gehört, mit allem Notwendigen zweckmäßig einrichten lassen.« Erna Meyer, *Die Küche*. In: Werner Graeff (Hrsg.), *Innenräume: Räume und Inneneinrichtungsgegenstände aus der Werkbundausstellung »Die Wohnung« (Stuttgart 1927), insbesondere aus den Bauten der städtischen Weissenhofsiedlung in Stuttgart*. Stuttgart: Akad. Verlag Wedekind & Co. 1928.

5 Als einer von vielen forderte etwa Mart Stam 1927, »daß bei der Einrichtung der Minimalwohnung nicht den existierenden Lebensgewohnheiten, sondern der modernen Lebenshaltung Rechnung getragen wird«. Die Minimalwohnung sei zwar »selbstverständlich zuerst und zumeist ein Bedürfnis der Besitzlosen – doch ist sie auch wertvoll für jeden modernen schaffenden Menschen. Dieser vereinfacht seine Forderungen an die Wohnung und das Wohnen, er löst das Wohnungsproblem für sich selbst: statt neue Forderungen aufzustellen, wirft er veraltete Forderungen über Bord. Je einfacher und schneller er mit der zur Lebenserhaltung

Beschränkung der Wohnfläche als sinnvollen Schritt in diese Richtung zu interpretieren, etwa indem man sie, wie im Fall von Haselhorst, als Maßnahme zur Steigerung der Effizienz der Haushaltsführung pries, erschien sie nicht länger nur als aufgezwungener Verzicht. Sie konnte vielmehr als konstruktiver Beitrag der Architektur gedeutet werden, das reibungslose Funktionieren des modernen Alltagslebens speziell in der Großstadt sicherzustellen. Wenig überraschend, dass insbesondere diejenigen Architekten und Stadtplaner, die sich im emphatischen Sinne als modern verstanden, sich durch ihre nach eigenem Dafürhalten auf allen Ebenen konsequenter Rationalität verpflichtete Planungsexpertise für diese Aufgabe besonders gut gerüstet fühlten. Auf den beiden internationalen CIAM-Kongressen in Frankfurt 1929 und Brüssel 1930, bei denen unter anderem Gropius und Le Corbusier ihre Ideen zum Bauen und Wohnen auf kleiner Fläche vorstellten, wurde der konsequente Einsatz funktional optimierter architektonischer Minimallösungen als Generator für einen radikalen Wandel der Lebensführung gepriesen, der sich nicht nur für die einzelnen Bewohner, sondern für die Gesellschaft als Ganze als segensreich erweisen werde.

Man müsse »ankämpfen gegen das Haus von früher mit seiner Raumverschwendung«, hatte Le Corbusier diese Auffassung bereits 1923 in einer berühmten Passage seiner wenige Jahre später auch in Deutschland breit rezipierten Programmschrift *Vers une Architecture* auf den Punkt gebracht. Wer als Architekt auf der Höhe der Zeit schaffen wolle, habe deshalb wie ein Ingenieur zu denken. »Man muss das Haus als eine Wohn-Maschine oder als ein Werkzeug betrachten.«[6] Das bezog sich keineswegs allein auf die Unterbringung der einkommensschwachen Schichten. Es handelte sich vielmehr um eine planerische Generalmaxime. Reduziert auf das funktionale Minimum, wie ein Eisenbahnwaggon oder die Schiffskabine eines Ozeandampfers sollte das Innere eines jeden modernen Wohngebäudes künftig »entworfen und durchgebildet« sein.[7] Sprich: kompakte Schnitte, kurze

notwendigen Arbeit fertig werden kann, desto angenehmer ist es ihm.« Mart Stam, *Fort mit dem Möbelkünstlern*. In: Werner Graeff (Hrsg.), *Innenräume*.

6 Le Corbusier, *Kommende Baukunst* [1923]. Stuttgart: Deutsche Verlags-Anstalt 1926.

7 Natürlich nutzten traditionalistische Kritiker Le Corbusiers mechanistische Metaphorik nur zu gern als Steilvorlage, das Neue Bauen der Seelenlosigkeit zu bezichtigen. Das Spektrum der Einwendungen reichte von der biederen Mahnung, doch bitte nicht zu vergessen, dass »die Form der Wohnung vor allem Ausdruck eines geistigen Bedürfnisses« darstelle (Wilhelm Lotz, *Wohnen und Wohnung*. In: *Die Form*, Nr. 10, Oktober 1927), bis zum völkischen Verbellen der Wohnmaschine als »Entartungserscheinung des städtischen Bauens«, durch die der

Wege, klare Zonierungen, minimale, aber dafür zweckmäßige Ausstattung und damit »Ersparnis an Bewegungen, an Anordnungen und Gedanken«. Von diesem optimiert gegliederten Inneren ausgehend, gelte es anschließend, das Äußere zu gestalten, denn: »Aus dem Grundriss entsteht alles.«

Angesichts dieser klaren Ansage ist es zunächst rätselhaft, weshalb auf keiner einzigen der immerhin elf fotografischen Abbildungen in dem Abschnitt von Le Corbusiers Traktat, der den Ozeandampfer als »bedeutende Offenbarung von Kühnheit, Zucht und Harmonie« feiert, in deren Schönheit man als »ernsthafter Architekt [...] die Befreiung von jahrhundertelanger, fluchbeladener Knechtschaft erkennen« kann, eine Schiffskabine von innen zu sehen war. Nur vier der Fotografien waren überhaupt an Bord aufgenommen. Sie zeigten allesamt die ausgesprochen weitläufigen Außendecks für die Passagiere der Ersten Klasse. Auf den restlichen waren moderne Transatlantik-Liner von Weitem als riesenhafte, aus dem Wasser aufragende plastische Körper imposant ins Bild gesetzt. Es handelte sich ausnahmslos um Exemplare der Luxusklasse. Wie aber sahen die Kabinen auf diesen Schiffen aus? Was hat man sich hier unter dem funktionalen Minimum konkret vorzustellen?

Zumindest für einen der abgebildeten Ozeandampfer lässt sich diese Frage recht genau beantworten, nämlich die 270 Meter lange britische Aquitania, die über 3200 Passagiere beherbergen konnte (618 in der Ersten, 614 in der Zweiten und 1998 in der Dritten Klasse). Sie muss Le Corbusier gestalterisch besonders überzeugt haben, schließlich schmückt das Foto eines ihrer (menschenleeren) Außendecks die Vorderseite des Buchumschlags von *Vers une Architecture*. Die Bedingungen an Bord der Aquitania sind zum einen deshalb gut dokumentiert, weil die Reederei das modernste und zugleich schnellste Schiff ihrer Flotte – »The Ship Beautiful« – in umfangreichen illustrierten Kampagnen offensiv bewarb und es aufgrund der vielen Promis unter den Passagieren regelmäßig in Zeitschriftenreportagen auftauchte. Zum anderen aber, weil Arthur Joseph Davis, der als Innenarchitekt für die Planung und Ausstattung nicht nur der Passagierkabinen, sondern auch der Gesellschaftsräume verantwortlich gewesen war, ausführlich zu seinen Gestaltungsgrundsätzen Stellung genommen hat. Sein umfangreich illustrierter Artikel erschien im Frühjahr 1914, kurz vor der Jungfernfahrt des

»deutsche Mensch« heimatlos geworden sei (Gerdy Troost, *Das Bauen im neuen Reich*. Bayreuth: Gauverlag 1938). Allerdings waren die wirtschaftlichen Zwänge im Massenwohnbau doch derart brutal, dass sich die Lösungen der verfeindeten Lager letztlich nur äußerlich voneinander unterschieden (am sichtbarsten bei der Dachgestaltung).

Schiffs, in einer renommierten Architekturzeitschrift. Davis war Absolvent der von Le Corbusier als Inbegriff antiquierter Verschmocktheit gegeißelten Pariser Ecole des Beaux-Arts. Liest man die einleitenden Passagen, könnte man dennoch meinen, an eine erste Skizze von *Vers une Architecture* geraten zu sein. Davis feiert den »modern liner« nicht weniger emphatisch als »one of the most scientific and wonderful manifestations of twentieth-century progress«; auch er hält es für unbedingt geboten, »to employ the most suitable as well as the most economic methods of architectural planning«, weshalb er ebenfalls für typisierte Bauteile und neue Werkstoffe plädiert; und er warnt überdies ausdrücklich davor, »to overcrowd a room with heavy ornament and meretricious decoration«.[8]

Damit enden dann aber auch schon die Gemeinsamkeiten. Le Corbusier sah im modernen Schiffsbau ein überzeugendes Beispiel für das intrinsische Gestaltungspotential technischer Optimierungsprozesse. Obwohl – oder vielleicht auch gerade weil – diese nicht ästhetisch motiviert, sondern allein durch Effizienzkalküle gesteuert sind, sorgen sie ihm zufolge dafür, dass überflüssiger Raum und überflüssige Ausstattung verlässlich abgeschmolzen werden. Davis hingegen pries dieselbe nautische Ingenieurskunst dafür, endlich Hochseedampfer einer Tonnagegröße entwickelt zu haben, die eine ästhetisch ansprechende architektonische Innenraumgestaltung überhaupt möglich, ja seiner Ansicht nach sogar zwingend erforderlich machte. Schließlich konkurrierten die Reedereien im Luxussegment um eine exklusive Kundschaft. Die aber erwartete auch auf See höchsten Hotelstandard mit aller nur denkbaren Bequemlichkeit – die Kreuzfahrtschiffe von heute lassen grüßen. Also insbesondere nobel gestaltete und großzügig dimensionierte Entspannungs-, Bade-, Wellness-, Gastronomie- und Aufenthaltsbereiche,[9]

8 Arthur J. Davis, *The Architecture of the Liner*. In: *Architectural Review*, Nr. 35, April 1914.

9 »Here it may not be uninteresting to give a short description of the public rooms required for the first-class accommodation of an Atlantic liner; such as the Imperator, or the Aquitania, both of which have eight floors or decks, communicating with one another by elevators as well as numerous staircases. On the lower decks, in addition to the many state rooms, cabins, kitchens and service rooms, etc., we find the great dining saloon (capable of seating from 500 to 600 persons), with an adjoining grill-room, foyer, and lounge, to say nothing of a large swimming-bath and gymnasium, Turkish and electric baths, purser's office, etc. Above, on the upper decks, in addition to more state rooms and cabins, we find the ladies' drawing-room and writing-room, the main staircase, several lifts, a hall, lounge, and ballroom, the veranda café, smoking-room, exhibition gallery, barber's shop, a bookstall, and flower stall; while on the most recent Hamburg-Amerika liners a restaurant and winter garden are features of considerable prominence.«

alles natürlich per Fahrstuhl erreichbar, und nicht zuletzt entsprechende Zimmer und Suiten.[10] Zu denen der Ersten Klasse auf der Aquitania gab Davis stolz zu Protokoll: »Frequently arranged in suites containing a sitting room, bedroom, and bathroom, with the addition sometimes of a private dining-room, these apartments are the last word in comfort and refinement.«[11]

Gesellschaftsraum der Ersten Klasse auf der Aquitania

10 Eine Auswahl historischer Fotografien der Gesellschaftsräume, First Class Staterooms und Suiten findet sich auf www.ggarchives.com/OceanTravel/ImmigrantShips/Aquitania.html.

11 Und davon verstand Davis etwas, schließlich verdankte der Brite seinen Ruf unter anderem der Gestaltung der opulenten Suiten in den Ritz-Hotels in Paris und London. In einer Werbebroschüre für betuchteres Publikum mit dem schönen Titel *The New Art of Going Abroad* wurden die Kabinen dann auch als »as spacious as a bedroom at the Ritz or the Barclay« beschrieben: »The walls are panelled in grey silk. The carpets are vibrant blue and yellow, as are also the striped silk chair coverings. Note the bath – just off-stage, and the electric heater« (collections.vam.ac.uk/item/O1328590/the-new-art-of-going-trade-catalogue/).

Kleinwohnungsballett

Das dürfte Le Corbusier beim Lob der Schiffskabine als Musterbeispiel für intelligente räumliche Einschränkung wohl eher nicht im Sinn gehabt haben. Dasselbe gilt für die Zweite Klasse, die Davis als »hardly less luxurious« beschreibt, weshalb auch sie selbstverständlich »under the control of the architect« falle. Als paradigmatisch für seine Raumsparmaxime hätte Le Corbusier allenfalls die Unterbringung der Passagiere der Dritten Klasse in Anspruch nehmen können. Hier teilten sich jeweils vier Reisende, die in zwei Stockbetten schliefen, eine Fläche, die so knapp bemessen war, dass als einziges weiteres Ausstattungsstück ein kleiner Waschtisch Platz fand (das Gepäck musste unter den Betten verstaut werden). Anders als bei den »private state rooms« der ersten beiden Klassen war in der Dritten nicht der geringste private Rückzugsraum vorgesehen.

Kein Wunder, dass diese Kabinen weder bei Davis noch bei Le Corbusier abgebildet sind.[12] Bei dem einen, weil eine so spartanische Ausgestaltung seinem Verständnis nach gar nicht als »Architektur« gelten konnte, weshalb die Dritte Klasse bei ihm überhaupt nur in einem Halbsatz Erwähnung fand;[13] beim anderen hingegen, weil derart prosaische, schlecht belichtete, heizungskellerartige Kammern, im Gegensatz zu den schnittigen Bootskörpern, in deren lärmendem Bauch sie sich befanden – und nebenbei auch anders als die eleganten holzgefertigten Segeljachten derselben Zeit –, nicht annähernd genügend Appeal hatten, um sie als architektonische Leitbilder für den Wohnbau an Land in Dienst nehmen zu können.[14] Eher ließen sich

12 Einen ungefähren Eindruck von den räumlichen Verhältnissen vermittelt ein Werbeplakat der Reederei aus dem Jahr 1920, auf dem eine kolorierte Zeichnung abgebildet war, die einen Blick von vorn in die Mitte des Schiffsrumpfs imaginierte. Das Victoria & Albert Museum hat 2018 zur Ausstellung »Ocean Liners: Speed and Style« eine interaktive Digitalversion erstellt: *Inside an ocean liner: the »Aquitania«* (www.vam.ac.uk/articles/inside-an-ocean-liner-aquitania).

13 Architektur ist für Davis unablösbar an Stil gebunden, wenn auch an keinen spezifischen: »With regard to general decoration, it is of course impossible to lay down any golden rule as to what style, or styles, are the most suitable for a liner [...] Perhaps the best examples of Jacobean, Restoration, Georgian, Régence, Louis XV, Louis XVI, Adam, and Empire, if simply treated, are amongst the most suitable. But in these days, when we find ships which have been successfully decorated in nearly every style known to Art, from early Japanese to Neo-Greek, an architect need never be at a loss to find a suitable period within which he can give a successful expression to his ideas.«

14 Auf diesen inneren Widerspruch hat schon Bruno Taut hingewiesen. In einer galligen Abrechnung mit dem Dampfermotiv als neuer architektonischer

der klaustrophobischen Enge in der Dritten Klasse noch komödiantische Seiten abgewinnen. Die Marx Brothers haben das 1935 in dem Film *A Night at the Opera* in einem überdrehten Sketch vorgeführt, in dem ohne Rücksicht auf die Fassungskraft der Kabine so lange immer mehr Menschen zunächst freundlich hereingebeten und später zunehmend hineingepresst werden, bis das Neben-, Auf-, Über-, Unter- und Ineinander der verknäuelten Körper schlicht nicht mehr nachvollziehbar ist.

Womit wir zurück in Haselhorst wären. Wie man beim Besuch der Museumswohnung erfährt, hatten deren erste Mieter, ein Schneidermeister und seine Frau, nämlich nicht etwa die von den Planern vorgesehenen zwei, sondern sechs Kinder. Man kann sich leicht ausmalen, welch außergewöhnliches Maß an gegenseitiger Rücksichtnahme und eiserner Disziplin das alltägliche Zusammenleben der Familie abverlangt haben muss, das wohl weniger vom ständigen Segen der »Ersparnis an Bewegungen, an Anordnungen und Gedanken« geprägt gewesen sein dürfte als vom ständigen Ringen mit Abstimmungsschwierigkeiten aller Art (schon der Auf- und Abbau von Schlafplätzen und die Synchronisation der Nutzung von Bad und WC müssen eine Herausforderung für sich dargestellt haben, von Erkrankungen der Kinder einmal ganz zu schweigen). Schwer vorstellbar, dass die Beteiligten dieses aufgezwungene Ertüchtigungsprogramm als dauerhaft erstrebenswert empfunden haben könnten.[15] Die meisten

Würdeformel gelangt er zu dem trockenen Fazit, Le Corbusiers Architektur beruhe »auf einer höchst talentierten Salonästhetik. Der Architekt baut hier so, wie der Ateliermaler sein Bild malt, d. h. er baut Bilder.« Die »Trennung von Fassade und Grundriß« habe Le Corbusier zwar »konsequent ausgesprochen«, das Problem sei nur, dass er »manches Geschriebene durch seine Bauten widerruft. Corbusier ist der reine ›Künstler‹, sowohl als Schriftsteller wie als Maler und wie als Architekt.« Bruno Taut, »*Krisis der Architektur*«. In: *Wohnungswirtschaft*, Nr. 8 vom 15. April 1929. Dass Le Corbusier in seinen Unités d'habitation, die dem Modell des Passagierdampfers am nächsten kommen, zahlreiche Schiffsmotive aufnehmen sollte, die allerdings selten funktionale Verbesserungen bieten – die Badezimmertüren in Rezé etwa sehen wie große Luken aus, erschweren dabei aber vor allem den Durchgang und bilden unnötige Stolperfallen –, hätte Taut ebenso wenig überrascht wie der Umstand, dass die Bauten bis heute bevorzugt in derselben monumentalisierenden Weise fotografiert werden wie die Promenadendecks in *Vers une Architecture*.

15 Wie es zur selben Zeit in der Ersten Klasse zuging, kann man in dem Haus erleben, das Hans Scharoun, einer der federführenden Architekten der Großsiedlung Siemensstadt, zwischen 1930 und 1933 im sächsischen Löbau für den Unternehmer Fritz Schminke geplant und errichtet hat und das mittlerweile ebenfalls als Museumswohnung öffentlich zugänglich ist. Anders als Haselhorst zitiert dessen Formensprache tatsächlich die Architektur der Hochseedampfer. Die Zimmer der vier Kinder sind deshalb absichtlich so klein gehalten, dass sie an Schiffskabinen

Sozialreformer, Stadtplaner, Architekten und Wohnbaudezernenten sahen das seinerzeit, aller ständischen Effizienzrhetorik zum Trotz, letztlich ebenso. Familien in derart beengten Verhältnissen unterbringen zu müssen war auch für sie keine Wunsch-, sondern eine unvermeidliche Übergangslösung bis zur Ankunft wirtschaftlich besserer Zeiten, in denen dann für möglichst viele Menschen großzügigere Wohnmöglichkeiten geschaffen werden sollten.

Tatsächlich hat sich diese Hoffnung weitgehend erfüllt – wenn auch kriegsbedingt erst Jahrzehnte später sowie in den beiden deutschen Staaten zeitversetzt und auf sehr unterschiedliche Weise. Mit Blick auf die Bundesrepublik hat Ulrich Beck Mitte der 1980er Jahre von einem »Fahrstuhleffekt« gesprochen,[16] der dafür gesorgt habe, dass letztlich alle sozialen Schichten von den Wohlstandsgewinnen nach 1945 profitierten. Wie stark dieser Effekt ehedem zumindest über einige Jahrzehnte gewesen sein muss, lässt sich noch heute daran ablesen, wie sehr sich die gesellschaftlichen Vorstellungen hinsichtlich der zumutbaren Minimalgröße einer Wohnung in dieser Zeit nach oben verschoben haben. Als angemessen im Sinne des Wohnraumförderungsgesetzes von 2002 gelten in Deutschland für den Haushalt einer alleinstehenden Person heute 50 Quadratmeter, also fünf mehr, als vor hundert Jahren noch einer vierköpfigen Familie zugebilligt wurden. Der Familie des Haselhorster Schneidermeisters stünden de jure sogar 125 Quadratmeter Wohnfläche zu.[17]

Ob die Chancen, in Berlin eine Wohnung angemessener Größe auch tatsächlich angeboten zu bekommen, für sie gegenwärtig größer wären als damals, darf allerdings bezweifelt werden. Denn gerade in den Großstädten ist der Mangel an bezahlbarem Wohnraum mittlerweile wieder eklatant. In Deutschland steigen die Preise für Wohnimmobilien in den Metropolen

erinnern. Allerdings ist der Stauraum in den Einbauschränken im Flur davor mehr als üppig bemessen, zugleich ist der Umraum drinnen wie draußen von luxuriöser Großzügigkeit und wurde von den Kindern, die dort aufgewachsen sind, auch durchaus so empfunden. Vgl. Julia Jamrozik / Coryn Kempster, *Kinder der Moderne. Vom Aufwachsen in berühmten Gebäuden*. Basel: Birkhäuser 2021.

16 Ulrich Beck, *Risikogesellschaft. Auf dem Weg in eine andere Moderne*. Frankfurt: Suhrkamp 1986. Die Aufzüge in der Aquitania funktionierten nebenbei ganz im Beckschen Sinn: Sie sorgten für vertikale Mobilität im Schiff, sahen dabei aber keine Übergänge in die nächsthöhere Klasse vor.

17 Die weitere Staffelung: 3 Personen: 75qm, 4 Personen: 85qm, 5 Personen: 95qm, jede weitere Person hat einen Anspruch auf jeweils 10qm (https://www.jobcenter-ge.de/Jobcenter/Landkreis-Diepholz/SharedDocs/Downloads/DE/Merkblatt_Kosten_Unterkunft_Heizung.pdf?__blob=publicationFile&v=8).

deutlich stärker an als in mittelgroßen Städten oder im ländlichen Raum, was automatisch die Mieten nach oben treibt (die Differenz beträgt derzeit im Durchschnitt um die 30 Prozent, wobei Neuvermietungen besonders teuer kommen). In Berlin zehrt die Mietbelastung für eine Drei-Zimmer-Wohnung im Stadtzentrum laut einer aktuellen Studie mittlerweile im Durchschnitt rund 37 Prozent des Haushaltseinkommens auf.[18] Und da die Nebenkosten ebenfalls seit Jahren verlässlich steigen, wird sich die Lage in absehbarer Zukunft wohl auch nicht verbessern. Die Folge ist, dass sich immer mehr Großstadtbewohner von der Hoffnung auf großzügige Wohnverhältnisse dauerhaft verabschieden und sich wohl oder übel wieder mit Minimallösungen abfinden müssen.[19] Anders als noch in den 1920er Jahren sind Familien mit Kindern heute allerdings gar nicht mehr die größte Mietergruppe. 2022 lebten in fast zwei Dritteln aller deutschen Haushalte lediglich eine oder zwei Personen, wobei die Metropolen erwartungsgemäß auch in dieser Statistik ganz vorn liegen.[20] Gerade bei den kleinen und kleinsten Wohnungen, die angesichts des stetig wachsenden – und von den Kommunen aktiv geförderten – Städtetourismus zudem besonders lukrativ für temporäre Vermietungen sind,[21] klaffen Angebot und Nachfrage auf dem Mietmarkt deshalb so weit auseinander, dass längst nicht mehr nur Geringverdiener Schwierigkeiten haben, hier überhaupt eine bezahlbare Bleibe zu finden.

18 Der Anteil der Haushalte, die mehr als 40 Prozent des Haushaltseinkommens für die Warmmiete aufbringen müssen und deshalb als überbelastet gelten, ist der Studie zufolge von 1991 bis 2021 von fünf auf 14 Prozent gestiegen, hat sich also fast verdreifacht (www.zdf.de/nachrichten/wirtschaft/diw-studie-miete-mietpreise-wohnen-100.html).

19 Schon jetzt verfügen die Haushalte in den sogenannten Top-7-Metropolen (Berlin, Hamburg, München, Köln, Frankfurt am Main, Stuttgart und Düsseldorf) im Bundesvergleich über die geringste Wohnfläche (https://www.destatis.de/DE/Themen/Gesellschaft-Umwelt/Wohnen/ergebnisse_zusatzprogramm.html).

20 In Berlin, wo die fast 200 000 Studierenden der 60 Hochschulen derzeit allein schon über fünf Prozent der Bevölkerung ausmachen, lebt sogar in über der Hälfte der Wohnungen nur eine Person (https://www.rbb24.de/wirtschaft/beitrag/2021/05/wohnungsbau-berlin-wohnungsmangel-zuzug-singles-familien.html).

21 Ausgesprochen instruktiv dazu Christian Smigiel, *Touristification, rent gap and the local political economy of Airbnb in Salzburg (Austria)*. In: *Urban Geography*, Nr. 45/4, 2024.

Happier Living

Wie aber arrangiert man sich mit einer derart einschneidenden Perspektivumkehr? Hinweise dazu liefert der Youtube-Kanal *Never too small*, der belegt, dass wir es hier mit einer Entwicklung zu tun haben, die einen großen Teil der Metropolen weltweit betrifft. *Never too small* existiert seit 2017, ist ausdrücklich dem Umgang mit beschränkter Wohnfläche gewidmet und extrem erfolgreich: Innerhalb von nur sieben Jahren hat die Plattform rund um den Globus fast drei Millionen Abonnenten gewonnen. Ihre Betreiber stellen mittlerweile nicht mehr nur Videos ins Netz, sondern vertreiben darüber hinaus eine vierteljährlich erscheinende Zeitschrift, eine eigene Buchreihe zur Kleinraumplanung sowie allerlei Fan-Artikel von Kaffeetassen bis zu Jutebeuteln. Gegründet wurde *Never too small* in Melbourne von dem in Malaysia geborenen Australier Colin Chee, der Design und im Anschluss Film and TV Productions studierte und dann als Video Editor bei einer Filmproduktionsfirma anheuerte. 2013 suchte Chee in Melbourne nach einer Bleibe. Wer in einer australischen Metropole lebt, wohnt in aller Regel weitab vom Zentrum in einem der Siedlungsagglomerate der Suburbs. Chee hingegen war es dort zu langweilig, ihn zog es in die lebendigere Innenstadt, wo er schließlich ein 37 Quadratmeter großes, schlecht geschnittenes und billig ausgestattetes, dafür aber erschwingliches Apartment auftat. Bei seinen Online-Recherchen, wie er die neue Wohnung durch Umbaumaßnahmen aufwerten könnte, stieß er zwar auf zahllose Videos missionarischer Kleinwohnungsenthusiasten, die die besonderen Vorzüge des Tiny Living priesen. Brauchbare Gestaltungstipps fand er hingegen so wenige, dass er beschloss, selbst ein Info-Portal zu dem Thema auf die Beine zu stellen. Da er durch seinen Job kostenlos Zugriff auf die nötigen technischen Ressourcen hatte und zugleich über das nötige Know-how für Regie, Kamera und Schnitt verfügte, startete das Projekt von Anfang an auf hohem professionellem Niveau.

Das Format, das Chee dafür entwickelte, ist so naheliegend wie unspektakulär. Bei *Never too small* kann man sich dokumentarische Videoclips von jeweils gut fünf Minuten Länge ansehen – die nervtötenden Werbeunterbrechungen einmal nicht mitgerechnet –, in denen Menschen aus aller Welt von ihnen selbst umgebaute Klein- und Kleinstwohnungen vorstellen. Meist handelt es sich dabei um ausgebildete Architektinnen und Designer, die ihr eigenes Domizil optimiert haben, es finden sich aber auch Auftragsarbeiten. Mit den Typisierungs- und Serialisierungsbemühungen der 1920er Jahre hat beides denkbar wenig zu tun – jeder Umbau hier ist maßgeschneidert, eine Einzelanfertigung, der Ausstattungsstandard durchgehend hoch.

Was wiederum mondäner klingt, als es in der Mehrzahl der Fälle ist. Sehr häufig ruhen die Umbauarbeiten nämlich auf Eigenarbeit, viele der Wohnungen wären ohne gestalterische Intervention einfach nur trist, manche auch schlicht nicht vermiet- oder verkaufbar. Umso spannender ist es, sich die Verwandlung anzusehen. Man kennt das im Prinzip aus den Home-Makeover-Fernsehshows, die Anfang der 2000er Jahre Quotenhits waren. Wie diese leben auch die Clips auf *Never too small* dramaturgisch von dem Wow-Effekt, der sich aus der Diskrepanz zwischen einem unbefriedigenden Vorher und einem begeisternden Nachher zahlreicher durch den Umbau gewonnener neuer Anmutungsqualitäten und Nutzungsmöglichkeiten ergibt.

Never too small ist aber keine Show, sondern gibt sich betont sachlich, und das aus gutem Grund. Chee geht es längst nicht mehr um smarte DIY-Umbautipps, er will eine Nachhaltigkeitsbotschaft in Umlauf bringen. Der Australier ist überzeugt davon, dass es für eine lebenswerte Zukunft in den rasant wachsenden Ballungsräumen dieser Welt unumgänglich sein wird, möglichst viele Menschen möglichst rasch davon zu überzeugen, dass es am sinnvollsten ist, auf möglichst kleinem Raum zu wohnen. Das erinnert sehr an die minimalistischen Imperative der 1920er Jahre. Es gibt allerdings einen entscheidenden Unterschied: Das Effizienzdenken, dem das Konzept des seriellen Bauens entsprang, folgte einer zutiefst expansionistischen Logik. Zwar wurde der Raumbedarf jeder einzelnen Wohneinheit möglichst klein gehalten, der für die Ausbreitung und Vervielfältigung der Siedlungen hingegen konnte, je nach verfügbarem Budget, nahezu beliebig groß angesetzt werden. Trotz aller Spardiktate war der massenhafte Bau von Wohnungen infolgedessen wesentlich auf Flächenverbrauch und somit auf die stetige Ausdehnung der Städte ausgelegt.

Chee hingegen, der eine Variante dieser Entwicklung vor Augen hat, die – bei ungleich größeren Landressourcen – auf die massenhafte Addition freistehender Bungalows setzt, plädiert dafür, den urbanistischen Flächenfraß zu beenden und das Wohnen wieder in den Kernbereichen der Großstädte zu konzentrieren. Nur eine solche Verdichtung sei ökologisch wie auch ökonomisch auf Dauer verantwortbar. Schließlich muss dabei im besten Fall nicht aufwändig und teuer neu gebaut, sondern lediglich bereits vorhandener Raum intelligent so optimiert werden, dass mehr Menschen als bisher auf insgesamt weniger Fläche unterkommen. Die aber werden, wie die Urbanistinnen und Soziologen bestätigen, die Chee für seine ambitionierte sechsteilige Kurz-Doku mit dem Titel *Small Footprints* (www.nevertoosmall.com) interviewt hat, trotz der Verdichtung sogar besser leben können: weil die Kosten für Miete oder Kauf niedriger ausfallen, weil sie keine Pendlerexistenz führen müssen, weil ihnen bessere Infrastruktur zur Verfügung steht, weil das Angebot an Gastronomie, Kultur und Entertainment größer ist und weil mehr Geld für die Ausstattung ihrer Wohnungen übrig bleibt, die damit sowohl von besserer Qualität als auch auf ihre individuellen Bedürfnisse zugeschnitten sein kann.[22] Small Living, so das Versprechen, ist Happier Living.

A very charismatic neighborhood

Die Youtube-Clips, die das an konkreten Fallbeispielen illustrieren sollen, setzen beim Versuch, dem Gefühl der Beengtheit mit architektonischen Mitteln entgegenzuarbeiten, im Wesentlichen auf zwei gegenläufige Strategien: eine offensive, die an Le Corbusier erinnert, und eine defensive, die an Davis' Haltung anschließt, auch wenn sie diese vom Kopf auf die Füße stellt. Die offensive Strategie besteht darin, den Raumwucher der Ersten Klasse kategorisch für obsolet zu erklären und sich mit umso größerer Energie an die Optimierung der Zweiten und Dritten zu machen. Die defensive hingegen läuft darauf hinaus, die Dritte Klasse stillschweigend zur Zweiten oder, bei entsprechendem Budget, auch zur Ersten zu erklären und die eigene Kleinwohnung so aufwändig und luxuriös auszustatten, als wohne man in Wahrheit eben doch im Ritz (oder wahlweise in der Villa Tugendhat oder wenigstens in einem sehr, sehr schicken Airbnb-Apartment). Ein Beispiel dafür aus Berlin: Die Wohnung hat dieselbe Grundfläche wie die Kleinwohnungen in Haselhorst, aber nicht nur der Titel der Folge – *Elegant, Heritage Apartment Renovation* –,[23] auch die komfortable Höhe der Stuckdecken in dem Altbau aus der Gründerzeit signalisiert eindeutig, dass die Quadratmeterzahl das Einzige ist, was diese beiden Welten miteinander verbindet. Der Umbau wird von der Architektin vorgestellt, die ihn betreut hat. Wer die »clients« sind, für die ihr Büro hier tätig wurde (»drawing inspiration from the stucco facades of the neighboring buildings«) und ob es sich um eine Miet- oder eine Eigentumswohnung handelt, bleibt im Dunkeln.

Natürlich befinden wir uns nicht in Spandau. Was angesichts der jungen, weltläufigen, kunst- und kulturaffinen, digital vernetzten Klientel, der man

22 Chee ist übrigens nicht der Einzige, der sich von Melbourne aus via Youtube vehement für eine solche Agenda einsetzt. An der dortigen Universität lehrt mit dem Politikwissenschaftler Samuel Alexander einer der bekanntesten australischen Degrowth-Theoretiker und -Aktivisten (simplicityinstitute.org/ecological-civilisation-video-series).

23 Der Clip wurde im Frühjahr 2024 eingestellt und verzeichnete bis Anfang Oktober über 600 000 Aufrufe (www.youtube.com/watch?v=idQIA8x8Cxk).

auf *Never too small* begegnet, auch keine Überraschung ist. »The whole city is part of your house« lautet einer von Chees smarten Claims. Je kleiner das Haus aber ist, desto höher steigen die Anforderungen an das urbane Umfeld, ob nun in Amsterdam (»we like the pleasant and quiet streets although the neighborhood is situated quite close to the city center«), in Sydney (»there are many nice parks, unique restaurants, cafes and boutique stores«) oder in Paris (»the neighborhood is arty and trendy, with many museums, stores and restaurants«). Die Objekte sind deshalb grundsätzlich höchst selten in Großsiedlungen zu finden, egal wie sie nun im Einzelnen ausgestaltetet sind, und schon gar nicht an der Peripherie. »The apartment is located in one of the most famous areas of Kreuzberg, known as Bergmannkiez«, erklärt die Architektin feierlich: »This is a very charismatic neighborhood.« Und Charisma verpflichtet: »We spent a lot of time bringing new life into the historical features and adding a touch of modern and vintage flair [...] The corridor is painted in a fiery red to create a unique, welcoming atmosphere when you enter [...] As you walk through the red entrance, you're welcomed by the kitchen, painted in Inchyra blue [...] We designed the kitchen with black, creating a contrast that gives the space a wonderfully relaxed atmosphere.«

Die Architektin trägt einen schwarzen, nach Yamamoto-Art sackförmig geschneiderten Anzug, dessen Hosenbeine betont hoch über den Knöcheln enden, weiße Sneakers und ein Top, das man für pink halten könnte, das der »colour consultant« ihres Büros aber vermutlich als fuchsia oder watermelon identifizieren würde. Sie gibt sich alle Mühe, so durch die Räume zu schreiten, als habe sie dort zu tun, macht sich am Einbauschrank im Flur zu schaffen, zieht Vorhänge auf und zu, setzt sich mit dem Laptop an den kleinen Schreibtisch, wäscht vor dem freistehenden »kitchen counter« eine saubere Tasse im freihängenden schwarzen Spülstein (»inspired by the sinks in artists' studios«) und blickt als Repoussoir-Figur nachdenklich aus dem Fenster. Aber es hilft nichts. Das Ambiente bleibt in seiner aseptischen Showroom-Saturiertheit so unpersönlich und leblos, dass es schwerfällt, zu glauben, hier könnte tatsächlich irgendjemand dauerhaft wohnen: »another ›cute‹ yet expensive and impractical Airbnb, or short-stay design«, kommentiert @francisco2732 und ist mit seiner Einschätzung keineswegs allein: »Is this channel becoming a catalogue for property hoarders? 10 cute ideas to further contribute to the rising housing crisis in your city :)«

We seem to get along fine

Tatsächlich ist der Verdacht, dass *Never too small* sich gegen die eigentliche Intention zunehmend zum Schaufenster für Immobilien-Poser und Kurzzeitvermietungsprofis und damit zum Gentrifizierungsmotor entwickelt, nicht von der Hand zu weisen. Noch aber trifft man hier auf viele Menschen, die nicht primär in Renditekategorien denken, sondern Downsizing offensiv als freiwillig und bewusst gewählte Lebensform verstehen und mit ansteckender Begeisterung durch die von ihnen geschaffenen, mitunter höchst ingeniösen privaten Mikrowelten führen. Auch dafür ein Beispiel, wieder aus Melbourne, es stammt aus der Anfangszeit von *Never too small*. Schauplatz sind die Cairo Flats, ein einstöckiger hufeisenförmiger Klinkerbau mit geschwungenen, außenliegenden Betontreppen aus den 1930er Jahren, geplant von Best Overend, damals Mitte zwanzig, der zuvor in England die minimalistischen Visionen des europäischen Funktionalismus kennengelernt hatte.[24] Das Gebäude war ausdrücklich als Wohnanlage für Junggesellen konzipiert. Auch wenn die Apartments noch kleiner geschnitten sind als die Kleinstwohnungen in Haselhorst, wurden hier nicht etwa Geringverdiener, sondern solvente Männer angesprochen. Die Anlage funktionierte ähnlich wie ein Hotel – zu jedem Apartment gehörte ein Autostellplatz, die Dachterrasse war für alle zugänglich, über das Zimmertelefon konnte man Essen bestellen und den Reinigungsservice buchen, es gab einen Speisesaal und eine gemeinschaftlich nutzbare Küche, die mittlerweile allerdings in Wohnungen umgewandelt wurden.[25]

Offenbar funktioniert das Konzept aber auch ohne diese Inhouse-Infrastruktur. »I live here with my partner and my medium-sized dog«, hört man die ernste Stimme von Nicolas Agius zu Beginn aus dem Off, »it's a 24

24 Für nähere Einzelheiten vgl. vhd.heritagecouncil.vic.gov.au/places/2093 sowie cairoflats.com.au/History. Ein paar Einblicke in Wohnungen, die nicht umgebaut wurden, finden sich unter thedesignfiles.net/2022/03/architecture-cairo-flats-fitzroy.

25 Offensichtlich war Overend mit den Diskussionen über Apartment-Hotels/Boardinghouses aus den späten 1920er Jahren vertraut, die ebenfalls als Mikrowohnung für den nomadischen Stadtbewohner konzipiert waren. Auch dort waren die Apartments klein gehalten, weil im Gebäude Gesellschaftsräume, Schwimmhallen, Gymnastikräume und Service-Angebote wie Restaurant und Reinigung angeboten werden sollten. Die Realisierung über einzelne Prototypen wie Scharouns Ledigenhaus in Breslau aus dem Jahr 1929 hinaus scheiterte letztlich daran, dass die bald vorherrschende NS-Wohnbaupolitik dezidiert stadtfeindlich und familienfreundlich ausgerichtet war. Vgl. das vorzügliche Buch von Markus Eisen, *Vom Ledigenheim zum Boardinghouse. Bautypologie und Gesellschaftstheorie bis zum Ende der Weimarer Republik*. Berlin: Gebr. Mann 2012.

square meter apartment, and we seem to get along fine.«[26] Der Architekt, Mitte dreißig, kahlgeschoren mit Dreitagebart, klappt währenddessen die größere von zwei Fronttüren des mannshohen weißen Schranks vor ihm auf, der zwar nur etwa zwei Meter breit ist, aber dennoch riesig wirkt, weil er damit bereits drei Viertel der Breite des Wohnraums einnimmt. Der Schrank schließt auf der rechten Seite mit der Wand ab, während auf der linken ein schmaler Durchgang freibleibt, der zur Wohnungstür führt. Schrank und Durchgang sind oben von einem dicken weißen Bord überfangen, das als Stellfläche dient. In dem Moment, in dem die Türe sich öffnet, wird dahinter eine knallgelbe Küchenzeile sichtbar, die in dieser Größe wohl auch in Haselhorst hätte untergebracht werden können. Wobei der Konjunktiv an dieser Stelle eigentlich doppelt unterstrichen sein müsste: Das bewundernswerte »merging between the toolbox and the cabinetry bench«, das Agius voller Stolz präsentiert, ist Planungs- und Schreinerarbeit einer Kategorie, wie man sie ansonsten eher im Innenraum historischer Segeljachten findet.

Die Rückseite der Türe, die, einmal geöffnet, an der rechten Wand des Zimmers anliegt, ist, wie die Rückwand der Küche, mit Regalbrettern, Magnetleisten und Haken ausgestattet, an denen Geschirr und Küchenutensilien

26 Der Clip stammt aus dem Jahr 2017 und wurde in den seither vergangenen sieben Jahren insgesamt über 5 Millionen mal aufgerufen (www.youtube.com/watch?v=bZpReNKFBeA).

hängen, als müssten sie rauen Seegang überstehen. Das hat hier schon deshalb besonderen Charme, weil bereits Overend die Cairo Flats »with details of ocean liners and ships« versehen hatte, Wohnungstüren mit Bullaugen inbegriffen. Die schmalere Schranktüre links öffnet sich nicht nach vorn, sie wird vielmehr seitlich vor den Durchgang gerollt. Als die Kamera den Küchenblock genauer in den Blick nimmt, ist zu erkennen, dass sie doppelwandig ist und küchenseitig Fächer bietet, während die Rückseite als ausziehbares Bücherregal dient. Vom Küchenblock bis zur komplett verglasten Fassadenseite mit dem winzigen Balkon sind es vielleicht zweieinhalb Meter, damit bleibt Raum genug für ein graues, leichtes Sofa. An der Seitenwand lehnt ein runder Klappesstisch mit Stapelhockern. Das eingebaute Doppelbett befindet sich direkt hinter der Küche, mit der es eine Durchreiche verbindet. Es liegt auf einem hüfthohen Gestell auf, unter dem eine Waschmaschine und ein Schuhschränkchen Platz finden. Weil Küche, Wohn- und Schlafzimmer im selbem Raum untergebracht sind, bietet das Badezimmer, dessen Rückwand als offener Kleiderschrank dient, sogar Platz für eine moderat dimensionierte Wanne.

Das alles wirkt in seiner detailverliebten Wohnmaschinenlogik so zwingend, aber zugleich so freundlich und sympathisch eigenwillig, dass man augenblicklich den Wunsch verspürt, selbst dort einziehen zu dürfen. Wobei sich im selben Moment die Frage stellt, ob sich dieser Wunsch ebenso reflexhaft eingestellt hätte, hätte man nicht Nicolas bei der hingebungsvollen Schilderung seiner persönlichen Kreativ-Challenge gelauscht (»I was interested in creating a suite of different spaces rather than completely clearing out walls and doors and turning it into one big space«) und die ausgesuchten Keramiktassen und Kochmesser bewundert, sondern stattdessen das Paar mit seinem mittelgroßen Hund im Alltag begleiten dürfen: beim Warten auf den richtigen Moment, um während des Kochens das Regal beiseiteschieben zu können, das den Weg zum Bett und nach draußen versperrt; beim ständigen Hin- und Wegräumen des Klapptischs, um an die Tür zum Balkon gelangen zu können; bei der Diskussion, wer dran ist, den Abwasch zu erledigen und alles zurück an die richtigen Haken zu hängen (»everything has its place«), damit der Küchenblock geschlossen werden kann; beim Aussortieren der überzähligen Bücher (in das versteckte Regal passen vielleicht drei Dutzend); beim Reinigen der nur über eine Leiter erreichbaren Stellfläche über dem Küchenschrank, wo der Staub sich, vermischt mit fettigen Dämpfen, klebrig festsetzt; bei der Umsetzung aufwändiger Mülltrennungsvorschriften; beim Verstauen des Sacks mit dem Hundefutter; beim Sinnieren, auf welches der drei Paar Schuhe man lieber doch verzichtet hätte; bei der Überweisung der Miete für die Self-Storage-Lagerbox, in der die Koffer, das Surfbrett, ein paar Erbstücke, der Christbaumschmuck und vieles andere mehr untergebracht sind …

Und das ist wohlgemerkt keine Frage, die sich nur hier in Melbourne stellen würde, auch wenn 24 Quadratmeter für ein Leben zu dritt selbst für *Never too small* ungewöhnlich sportlich sind. Es hat schlicht mit der Beengtheit als solcher zu tun, die sich schließlich selbst mit größter planerischer Raffinesse, handwerklichem Know-how und unerschöpflichen Zeitressourcen nicht beseitigen, sondern allenfalls listig mindern lässt. Ob man dafür dann mit engen, steil kurvierten Treppen oder mit unzugänglichen Stauräumen zurechtkommen muss, mit hochgestelzten Betten, Duschkabinen für Entfesselungskünstler oder mit Schubladen und Türen, die sich nur öffnen lassen, wenn man vollständig beiseite tritt: Das Alltagsleben ist und bleibt ein ständiges Exerzitium, erstaunlich häufig ein originelles, spannendes, aber eben ein Exerzitium. Die Gelassenheit und Geistesgegenwart, die Körperbeherrschung und das Geschick, die nötig sind, es Tat für Tag zu meistern, sind nicht jedem gegeben. Es hat schon seinen Grund, dass die Kleinwohnungsenthusiasten, die *Never too small* versammelt, größtenteils kinderlos und zugleich so beneidenswert jung, gesund, alert und energiegeladen sind.

Valentin Groebner

Alpen autokinetisch

Freiwillig macht man das nicht. Mit dem Fahrrad ein, zwei, drei Dutzend Kilometer ununterbrochen bergauf, mit acht (okay), neun (zäh) oder zehn (bäh) Prozent Steigung, über enge Kurven tausend oder tausendfünfhundert Höhenmeter hinauf auf den Pass – wieso eigentlich?

Ich wollte entkommen. Es war April 2020, und ich wollte den Vorschriften entkommen und den ununterbrochenen Ermahnungen. Von allen Aktivitäten im Freien wurde abgeraten, alle sollten zuhause bleiben und äußerste Vorsicht üben. Die Grenzen waren geschlossen. Ich wollte den Ängsten meiner Freunde und Bekannten entkommen und den Aufforderungen zu Disziplin. Ich wollte nicht mehr zuhause sitzen am Bildschirm hinter versperrten Türen über menschenleeren Straßen, wenn draußen alles glitzerte im wärmsten und schönsten Frühling, an den ich mich erinnern konnte. Ich hatte die Berge vor der Haustür, die Passstraßen waren gesperrt, aber der Schnee darauf war weg, man konnte es auf den Bildern der Webcams sehen. Ich war noch nie tausend Höhenmeter hinauf über einen Pass mit dem Fahrrad gefahren, konnte ich das überhaupt?

1.

Ich konnte. Der erste Pass ging erstaunlich gut, auf 1540 Meter hinauf, oben war die Straße abgesperrt; ich hob das Fahrrad über die Schranke und rollte auf der anderen Seite zwischen glitzernden Schneefeldern in der Sonne tausend Höhenmeter hinunter, allein und ohne Verkehr, es war fantastisch schön. Mein nächster – eine Woche später, das Wetter war immer noch großartig, und ich durfte weiterhin nicht ins Büro – war 1611 Meter hoch und hatte stellenweise 12 Prozent Steigung; das war bitter, aber egal, als ich erst einmal oben war. Und dann war ich angefixt und wollte mehr.

Eine neue Droge ist für Männer im schwierigen Alter ab Ende fünfzig unwiderstehlich, und Alpenpässe mit dem Rennrad fahren ist eine. Während die Einschränkungen langsam aufgehoben wurden und der Verkehr auf den Pässen wieder zunahm, strampelte ich in den folgenden Monaten immer höher hinauf, auf 2000, 2400, 2600 Meter. Ich bekam Routine, aber mein Erstaunen, dass ich das überhaupt konnte, blieb. Nach einem solchen Tag in den Haarnadelkurven ziepten und puckerten meine Oberschenkel und die Unterarme (vom Bremsen bei der Abfahrt), aber ich hatte strahlend gute Laune.

Ich lernte die eigenartige Fauna an Besuchern kennen, die sich auf den Parkplätzen dort oben versammeln und die man sogar im Nebel – den gab es auch – gleich erkannte, an ihren Silhouetten. Dickgepolsterte Motorradfahrer: je schwerer die Maschine, desto runder ihr Fahrer. Grazile Rennradlerinnen und Radler, die Schmalrehe der Hochalpen, am liebsten in Schwarz oder Hellgrau unterwegs. Die E-Bike-Begeisterten dagegen tragen gerne farbenfrohe Daunenjacken und strampeln in Kleingruppen. In den Cabrios sitzt immer ein älterer Mann am Steuer, er trägt entweder einen hellen Strohhut oder eine Baseballkappe und die Dame neben ihm ein Kopftuch: Herrenreiter in Begleitung und im Retro-Look. Und alle machen Fotos von sich, wenn sie erst einmal dort oben angekommen sind. Über diese Wettbewerbe im Posieren vor Hochgebirgspanorama – oder im Nebel – hat der Südtiroler Fotograf Walter Niedermayr einen schönen Fotoband gemacht. Sein Titel sagt eigentlich alles: *Treffpunkt Niemandsland.*

Die Alpen, kurz, sind eine autokinetische Vergnügenslandschaft, ein Film im Kopf, mit viel Publikum. Und echter Action: Auch wenn manche Motorradfahrer einen eher eng überholten, am gefährlichsten fühlten sich die kleinen Gruppen von Sportwagen der gehobenen Preisklasse an, die sich in Privatrennen halsbrecherische Überholmanöver in den engen Kurven lieferten, wenn die Straßen voll waren. Und sie waren immer voll, wenn zu Beginn des Sommers die Pässe geöffnet wurden. Hier ging es um den Konsum der Vertikale zum Vergnügen: Die Alpenpässe waren ein einziges großes Schnaufen und Röhren; ein Beschleunigungsfestival. Was suchte ich dort oben eigentlich – und die anderen auch?

2.

Der pensionierte Zahnarzt, begeisterter Motorradfahrer: »Es ist ein körperlicher Genuss, das Schwerkraft-Fliehkraft-Karussell.« Deswegen habe er auch seinen Oldtimer-Jaguar verkauft. »Der fährt von allein, auf dem Töff aber muss ich immer wach sein, es kommt auf mich an, nur auf mich.« Jeder Pass sei anders, Spitzkehren seien die Herausforderung, das Stilfser Joch zum Beispiel sei sehr gefährlich und anforderungsreich: »In jeder Kurve siehst du da einen liegen.« In einer engen Kurve dürfe man nicht zögern, stocken oder sich verschalten, nie aufgeben, man müsse die Maschine durchziehen, das Momentum dürfe nie verloren gehen, »sonst kippst du um.« Ein Pass mit dem Motorrad, sagte er, »das ist Erklimmen von Höhen mit Beherrschung der Kurventechnik. Und das genießt man, das eigene Können, den Rhythmus, das Schwingen in die Kurve hinein und wieder heraus, da geht es um Balance und Takt, es ist ein Tanz, und dazu noch das

Überwinden der Schwerkraft, das ist« – und er begann zu strahlen – »wahnsinnig schön.«

Und die anderen? Normale Autofahrer seien nur zum Überholen da, sagte er, uninteressant, zu langsam. »Weil wir geschwindigkeitsorientiert sind. Am schlimmsten sind die Cabriofahrer, in jeder Kurve zu langsam, komplett falsch unterwegs und wissen gar nicht, wie sie aus einer engen Stelle wieder herauskommen.« Und die Töffs? »Wenn du ein aggressiver Fahrer bist, dann kannst du den vor dir überholen, das geht nur in den Linkskurven, das ist so eine Art Jagdinstinkt, ich«, er lacht, »habe den recht deutlich. Und wenn mich dann ein anderer überholt, ärgere ich mich immer ein bisschen, wieso ist der schneller als ich, habe ich den nicht gesehen?«

Rennradfahrer? Mein Zahnarzt verzog das Gesicht. »Ganz gefährliche Gruppe, bergab sind die fast so schnell wie wir. Das wissen sie auch und hängen dir am Hinterrad und machen keinen Zentimeter Platz und bremsen dann immer im letzten Moment vor der Kurve. Die fühlen sich als Helden, die haben vom Aufstieg den ganzen Frust und die Säure in den Muskeln und müssen das dann bei der Abfahrt kompensieren, manche machen extrem waghalsige Manöver. Die tragen keine Schutzkleidung und nehmen unglaubliche Risiken auf sich mit ihren schmalen Reifen, den paar Millimetern Gummi, all das nur um sich zu beweisen, dass sie die Helden sind.«

Hatte ich so genau wissen wollen, dass ich ein Frustrierter auf dünnem Gummi war? Die verschiedenen Liebhaber der Berge mögen sich gegenseitig nicht besonders, und das ahnt man auch beim stummen langen Hinaufstrampeln ins Vergnügen. Oben angekommen reden die Angehörigen der verschiedenen Stämme auch nur mit ihresgleichen auf dem Parkplatz, die Motorräder, die Cabrios und die Fahrradhelden und -heldinnen ebenso. Alles einsame Einzelkämpfer am Ziel; nur eben in ziemlich großer Anzahl. An einem Sommersonntagnachmittag bei gutem Wetter wird es schnell ziemlich voll im Niemandsland.

3.

Die Alpen, hat der Ethnologe Bernhard Tschofen in einem Aufsatz über die sinnliche Wahrnehmung der Berge geschrieben, sind eigentlich gar kein Ort. Sondern ein Gefühl, und zwar ein technisch induziertes. Erfunden wurde es in den ersten Jahren des 20. Jahrhunderts als beschleunigtes Hinuntergleiten in Schwüngen und Kurven, als Genießen der Schwerkraft am losgelassenen eigenen Körper, zuerst auf Skiern. Diese neuen physischen Sinnesempfindungen – wörtlich: »sensation« – wurden zur Sensation unter den Angehörigen der Oberschichten, die den Sport für sich und ihre Selbstdarstellung entdeckten.

Seither sind die Alpen ein autokinetisches Körperdings. Je schneller man unterwegs war, desto stärker die Zentripetal- und Zentrifugalkräfte, die man zu meistern hatte, und desto stärker das Vergnügen am Rausch der Bewegung.[1] *Das Wunder des Schneeschuhs* nannte der Alpinist und Fotograf Arnold Fanck 1920 deshalb seinen ersten Film, das damals übliche Wort für Skier, ein glitzerndes Spektakel aus Licht und rasanter Bewegung, durch die neue Technik der Zeitlupe noch ästhetisch gesteigert. Dass der neue Sport, wie Winterferien in den Bergen überhaupt, das Privileg einer schmalen wohlhabenden Oberschicht war, hat ihn nur noch anziehender gemacht.

Den Geschmack von Luxus hatte Skifahren mit dem zweiten Vehikel gemeinsam, das in denselben Jahrzehnten neue individuelle Alpenerlebnisse ermöglichte, dem Automobil. Den Fähigkeiten des Autos zur Steigerung der Sinne hatte Filippo Tommaso Marinetti schon in seinem *Futuristischen Manifest* von 1909 ekstatische Passagen gewidmet: »Wir gingen zu den drei schnaufenden Maschinen, um ihnen liebevoll ihre heißen Brüste zu streicheln.«[2] Wenn diese Maschinen ihre Besitzer mit großer Geschwindigkeit hinauf in die Berge transportieren konnten und ihnen in engen Kurven dort neue Körpererfahrungen verschafften, dann umso besser.

Die Erschließung der Alpen für neue Formen des Tourismus jenseits der altmodisch (und unprofitabel) gewordenen Kurhotels wurde ab Mitte der 1920er Jahre dann zum expliziten Programm der faschistischen Regierung. Die architektonischen Visionen neuer, luxuriöser Hotels für Skifahrer und Autotouristen im Hochgebirge, die Giò Ponti Ende der zwanziger Jahre für Mussolini entwarf, brauchten neue Seilbahnen und Autostraßen. Für Pontis mondänes »Albergo Paradiso del Cevedale«, am damaligen Fuß des Zufallgletschers 1933 bis 1935 errichtet, wurde eine komplett neue Zufahrtsstraße ins hinterste Ende des Martelltals gebaut.[3]

Im Namen der Automobilisierung Italiens wurde auch der Straßenbau im Hochgebirge unter Mussolini energisch vorangetrieben. Die neuen Straßen wurden teilweise unter Geheimhaltung gebaut wie am Timmelsjoch, an der

1 Bernhard Tschofen, *Die Alpen sehen*. In: Nelly Valsangiacomo / Jon Mathieu (Hrsg.), *Sinneslandschaften der Alpen. Fühlen, Schmecken, Riechen, Hören, Sehen*. Wien: Böhlau 2022.

2 Zit. n. Daniela Zenone, *Das Automobil im italienischen Futurismus und Faschismus: seine ästhetische und politische Bedeutung*. Berlin: WZB 2002.

3 Susanne Stacher, *Sublime Visionen. Architektur in den Alpen*. Basel: Birkhäuser 2018; Catrina Klee, *Wie der Faschismus den Tourismus für sich nutzte*. In: *Südtiroler Wirtschaftszeitung* vom 13. Oktober 2023.

Grenze zu Österreich, an anderen Orten explizit zur Fremdenverkehrswerbung. In den neuentstandenen Illustrierten als Lifestyle-Medien erschienen ab den 1920er Jahren überall in Europa aufwändig produzierte Fotos vom Skisport als elegantem Oberschichtsvergnügen. Skifahren war modern, schnell, schick und exklusiv. So wenige Leute es tatsächlich ausüben konnten, umso tauglicher war es zur Werbung für alle möglichen Produkte, wie Andrew Denning in seiner Geschichte des Skifahrens formuliert hat: »von Automobilen von Mercedes-Benz und Hautcrème von Nivea bis zum italienischen Faschismus«.[4]

Geschichte ist das, was man nicht wieder loswird, auch wenn man es möchte. So gerne im alpinen Tourismus heute von »Traditionen« gesprochen wird und von den »guten alten Zeiten« der Grand Hotels vor dem Ersten Weltkrieg, so zurückhaltend wird über die konkreten Entstehungsbedingungen der Infrastruktur erzählt, die uns die bequeme Reise in die idyllische Alpenwelt überhaupt erst ermöglicht. Der Duce hatte auch die erste Autobahn der Welt eröffnet, im September 1924. Sie war privat, kostenpflichtig und führte von Mailand in die Berge.

Ich auf meinem Rennrad bin aber auch ein Nachfahre der Industrialisierung dieser Jahrzehnte zwischen 1888 und 1930. Die neuen Techniken der Massenproduktion von damals haben erschwingliche schnelle Fahrräder in der uns vertrauten Bauart überhaupt erst hervorgebracht. Die dazugehörigen Massenmedien – zuerst die Sportzeitungen, dann das Radio – machten Fahrradrennen als Breitensport populär und verschafften ihm ein Millionenpublikum. Die alpinen Passstraßen, auf denen diese Rennen stattfinden, wurden aber natürlich nicht für Fahrräder gebaut, sondern für Autos. Und für (und häufig auch von) Soldaten. Und für Skifahrer.

4.

Den Urknall dieser Konstellation kann man besuchen: Sestriere im italienischen Piemont liegt auf zweitausend Metern Höhe unweit der französischen Grenze. Von Turin sind es etwas über hundert Kilometer, und es war ganz schön viel Verkehr auf der Strada Provinciale 23, etwas mühsam mit dem Fahrrad. Aber historisch ist das schon der richtige Anfahrtsweg. Sestriere ist der erste Wintersportort der Alpen, der aus dem Nichts entstanden ist, explizit als Ski-Stadt für Automobilisten, geplant und finanziert

4 Andrew Denning, *How Skiing Went From the Alps to the Masses*. In: *The Atlantic* vom 23. Februar 2015; ders., *Skiing Into Modernity. A Cultural and Environmental History*. Oakland: University of California Press 2015.

vom Fiat-Konzernchef Giovanni Agnelli senior, von Mussolini mit großem Pomp eröffnet. In seinem Auftrag wurden zwischen 1930 und 1935 zwei futuristische Hoteltürme errichtet, umgeben von Sportanlagen und jenen neuen technischen Installationen, ohne die von nun an kein Alpenerlebnis mehr auskam: Seilbahnen.

Die waren allerdings nicht in Betrieb, als ich verschwitzt an einem heißen Junitag dort ankam. Der Schnee hatte sich in schattige, graufleckige Mulden weit oben zwischen den Gipfeln zurückgezogen. Die beiden Luxushotels in Mussolinis Türmen waren geschlossen; seit mehreren Jahren offenbar, der Putz bröckelte. Darum herum Apartmenthäuser aus den sechziger, siebziger und achtziger Jahren und große Parkplätze – leer. Über ihnen hingen verblichene Plakate, die eine Skifahrerin mit wehenden blonden Haaren und tiefem Dekolleté im Pistenschwung vor sonnigen Gipfeln zeigten, das offizielle Logo des Ortes, im Retro-Look. Es sieht sehr nach der schicken Werbung aus der ersten Hälfte des 20. Jahrhunderts aus, und will das auch.

Darunter dünne, braungebrannte ältere Herren auf Rennrädern, die von Turin heraufgestrampelt waren, so wie ich. Ob im Winter hier viel los sei, fragte ich. Jedes Jahr weniger, sagten die freundlichen Radler, »non c'è più neve, è finito«. Jeder Wintersportort, ging mir zwischen den riesigen leeren Parkplätzen und der Bar dello Sport – schöne Aluminiumfassade aus den 1960ern – auf, ist eine Zeitmaschine. Jeder Wintersportort ist eine Wiederholung des Versprechens von vor hundert Jahren auf die große Beschleunigung und Entgrenzung der Körper durch Bewegung ins Licht mit neuen Vehikeln und neuen Sensationen. *Der weiße Rausch* hieß eine der vielen Fortsetzungen von Arnold Fancks erstem Skifilm, der 1931 die Kinos füllte. Die Geschichte des Skisports, hat Andrew Denning geschrieben, ist seit der Eröffnung der ersten Skilifte 1934 in Davos und Sestriere die der Kompression von Raum und Zeit durch möglichst rasche Bewegung in die Vertikale. Seitdem haben es alle Alpentouristen eilig.

5.

Wer mit dem Fahrrad in den Alpen unterwegs ist, ist aber langsam; sehr langsam sogar, wenn es bergauf geht. Und es geht dauernd bergauf vom Piemont hinüber nach Savoyen. Von Bergeinsamkeit keine Spur: Pässe fahren an der italienisch-französischen Grenze ist ein hochverdichtetes Massenspektakel, zum Mont Cenis hinauf waren zusammen mit mir gewaltige Pulks von Motorradfahrern, Autos und Wohnmobilen unterwegs. Dabei, sagte mir ein anderer genervter Rennradfahrer, auch er Schweizer, sei das erst der Anfang der Saison. »Im August ist das hier die Hölle.«

Das richtige Festival der Kohlenwasserstoffe, lernte ich am nächsten Tag, findet aber auf dem Col de l'Isèran statt, einen Pass weiter. So heißt die höchste durchgehende Passstraße der Alpen, und dementsprechend wollen dort alle hin, die nicht nur oben sein wollen, sondern ganz oben auf 2770 Metern, dem höchsten Punkt, den man auf einer asphaltierten Straße überfahren kann. In den Serpentinen dort hinauf überholten mich knatternde Quad-Fahrer – »Töffs für Behinderte«, hatte mein sarkastischer Schweizer am Tag zuvor gesagt –, Ducati-Fahrer, Aprilia-Fahrer, BMW-Fahrer, alle *in gruppetto*. An mir vorbei röhrte eine schwermotorisierte Gruppe von Tricycles mit gehisster dänischer Nationalflagge. Dahinter die Mitglieder des Ferrari-Clubs Taunus, kenntlich an großen Aufklebern auf ihren Boliden, gefolgt von Cabrios mit Wiesbadener und Bad Homburger Kennzeichen, gefolgt von Motorradfahrern aus Belgien, Irland, Spanien und Luxemburg und wirklich jeder Menge Individualverkehr aus Italien, Baden-Württemberg und allen Schweizer Kantonen, Hauptsache Auspuff. So viel zur frischen Bergluft.

Aber da war er plötzlich, der weiße Rausch. Es war ein wolkenloser Sommertag, die grauweißen Dreitausender links und rechts hatten überhelle Lichtspitzen aufgesetzt; alles um mich fühlte sich an, als würde es in Form von Photonen direkt in mein Hirn eindringen und es mit einer strahlenden brodelnden Masse füllen, eine Art Lava aus Licht. Der Verkehr um mich war zeitweise ohrenbetäubend, der Schweiß floss nur so, die Oberschenkel taten mir scheußlich weh, es war gleichzeitig ekelhaft und unglaublich toll. Und dann war ich oben. Und ziemlich fertig.

Das ist es vermutlich, was all die gepanzerten Motorradfahrer und die alten Herren in den Ferraris und den Cabrios eben auch unbedingt haben wollen, dachte ich hinterher. Ein etwas irres, überhelles und sehr dreidimensionales Gefühl, das durch Schneefelder, Beschleunigung und Höhe noch stärker wird. Eine »sensation«, eigentlich nicht mitteilbar, eine Ausschüttung selbstgemachter Drogen, ein Kick aus Licht. Vor dem Schild auf der Passhöhe winkte mir ein Motorradfahrer – Astronautenlook, mit aufgesetztem Helm und Sonnenbrille – wortlos mit seinem Smartphone zu, in der internationalen Zeichensprache der Kommunikationsbehinderten: Ob ich ihn nicht davor fotografieren könne? Machte ich; er nahm dafür weder Helm noch Brille ab, offenbar war das nicht notwendig. Woher er komme, fragte ich ihn nachher. Auf Deutsch, Französisch, Englisch gab das nur Kopfschütteln, auf Italienisch kam dann die Antwort in einem weichen gutturalen Slang: *Nabuhlé*. Neapel, 1007 Kilometer entfernt.

Ich bin genauso verrückt wie der, dachte ich, ich will mir diese Hitze und diese Höhe manisch in den Körper einschreiben, mit einer gewissen selbstzerstörerischen Wut. Dann rauschte ich die tausend Höhenmeter hinunter nach Val d'Isère zwischen Berghängen, die wie eine einzige große Baustelle aussahen mit Rudeln von Baggern und überdimensionalen Masten und Stahlseilen; dazwischen großformatige Plakate für die weiße Kunstwelt des Schneevergnügens.

Sensorische Beschleunigung hinterlässt Spuren. Hinterher glühte und vibrierte ich den Rest des Tages wie ein hochgefahrener Akku, den Kopf voller zuckender Bilder wie in einem zu schnell abgespulten Film. Wo hatte dieses hochkant gekippte Autowrack gestanden, auf der Seite aufgerissen wie von einem bösen Tier, in einer Baugrube am Straßenrand? Wo schwebten plötzlich diese riesigen Stahlseile und Rollen von Skiliften direkt über der Straße wie überdimensioniertes Spielzeug, leicht verrostet, unernst und bedrohlich gleichzeitig? Wintersport ist Bergbau und hinterlässt ähnlich deformierte Landschaften, menschengemachte graubraune Wüsten unter dem blauen Junihimmel. Was man daraus haben wollte, ist mit riesigen Maschinen herausgekratzt worden und verkauft; jedenfalls ist es nicht mehr da.

6.

Skiorte, kann man im Piemont und in Savoyen lernen, sind im Sommer am eindrucksvollsten. Sie sind Institutionen in einem sehr modernen und ganz wörtlichen Sinn: Das Wort bedeutet eigentlich Einrichtung, Unterricht, Anweisung. Ihr nüchterner französischer Name *stations d'hiver* bringt das auf den Punkt: Es sind technisch und ökonomisch perfektionierte Hüllen für ganz wenige, genau bestimmte Tätigkeiten, und das Wichtigste ist, neben funktionierender Zentralheizung, die kleine Entfernung zu verschneiten Berghängen und Liften, um das Publikum so rasch wie möglich zur Wunderware der alpinen Beschleunigung zu bringen, in den Schnee.

Die Hüllen für den Konsum dieses Schnees nehmen durchaus spektakuläre Formen an: gigantische runde Türme in Sestriere; monumentale, kilometerlange Längsriegel in Flaine und Tignes; vielgeschossige Pyramiden in Aime-la-Plagne; riesige, schräg hochkant gestellte Würfel wie in Les Arcs 1600, Les Arcs 1800, Les Arcs 2000. Die Zahlen stehen für Höhenmeter: Je weiter oben, so die Botschaft, desto effizienter und intensiver werden sie sein, deine Erholung, deine Entspannung, dein Genuss. Für solche Einrichtungen hat Siegfried Kracauer vor hundert Jahren das schöne Wort »Vergnügungskasernen« erfunden.

Die Alpen, hatte ich zu Beginn den Ethnologen Bernhard Tschofen zitiert, seien kein Ort, sondern ein technisch erzeugtes Gefühl. Hinter Val d'Isère wurden sie endgültig zu dem, was in der Fremdenverkehrswerbung

»Panorama« heißt: Kulisse für die Maschinen individueller Beschleunigung in einer technisch optimierten Intensivlichtlandschaft. Sie ist dominiert durch auf maximale Effizienz ausgelegte Korridore für den beschleunigten An- und Abtransport von Menschen und Dingen, die den Konsum des Alpinen erst ermöglichen: Zufahrtsstraßen und Seilbahnen, Stromleitungen und Wasserspeicher, Skipisten und Parkhäuser – Fließräume.[5]

Fahrradwege, weiß ich jetzt, gehören übrigens nicht dazu. Die französischen Skiorte sind die konsequente Weiterentwicklung von Giovanni Agnellis Autostadt Sestriere, und gebaut wurden sie in jenen Jahrzehnten in der zweiten Hälfte des 20. Jahrhunderts, in denen Frankreich zur Automobilnation wurde. 1955 wurde in den Betrieben der Autoindustrie eine dritte Urlaubswoche durchgesetzt, 1962 eine vierte, die dann per Gesetz für ganz Frankreich verbindlich erklärt wurde. Jedes Jahr im August und vor Weihnachten schlossen die Fabriken, und ihre Belegschaft fuhr auf neugebauten Autobahnen in den Urlaub. Ferien, notierte Roland Barthes 1957, »sind eine neuere soziale Tatsache, deren mythologische Entwicklung interessant zu verfolgen wäre«.

Den dazugehörigen Mythos gibt es tatsächlich; wie jeder Mythos ist er nur noch als Vintage und teure Antiquität zu haben. Die Sportwagen der Marke Alpine, 1955 von einem ehemaligen französischen Rennfahrer gegründet, hießen so zur Erinnerung an seinen Sieg im »Critérium des Alpes« im Jahr zuvor. Vierzig Jahre später wurde ihre Produktion endgültig eingestellt.

Der Alpenbenutzer will aber nicht darauf verzichten, sich als hochbeschleunigter Fahrerheld zu sehen – besonders gerne im Film, dem alten Lieblingsmedium der Moderne. In den Streifen von Willy Bogner etwa, Skirennfahrer der 1960er Jahre, dann Kameramann für Olympia-Filme (*Männer, Mädchen und Medaillen*, 1968) und für die Ski-Szenen bei diversen *James Bond*-Filmen. Als Regisseur war er mit *Feuer und Eis* (1986), *White Magic* (1994) und *Mountain Magic* (1999) erfolgreich, eine Art Wiedergänger von Arnold Fanck, aber mit angeschlossener Modefirma im gehobenen Preissegment. Von Willy Bogner »& Friends« stammt der aufwändige Bildband *Der ultimative Skiguide* von 2020, mit Porträts von zwanzig Skiorten samt Angaben zum nächsten Flughafen und Tipps für die beste Abfahrt, die besten Hotels und die besten Bars. Val d'Isère, weiß der Autor, sei »wie gemacht für den Wintersport«. »Hier ist eben alles ein bisschen großzügiger und weitläufiger als anderswo.«

5 Vgl. Sebastian Schels/Olaf Unverzart (Hrsg.), *ÉTÉ*. Mit einem Essay von Dietrich Erben. Dortmund: Kettler 2020.

Im selben Jahr 2020, dem Jahr der Lockdowns und geschlossenen Grenzen, erschien auch der dicke Bildband des Automobilclubs Deutschland, *Skiguide – die besten Wintersportgebiete in Europa.* Sestriere wird darin besonders für seine Tiefschneehänge und das Heliskiing gelobt. Val d'Isère gehöre »zur Elite der klassischen Skiorte weltweit und biete insgesamt rund 300 Pistenkilometer mit perfekter Infrastruktur«, und das nahe Les 3 Vallées mit insgesamt 600 Pistenkilometern und 162 Liften sei »das größte zusammenhängende Skigebiet der Welt« und garantiere »Abwechslung und Skivergnügen pur«.

Klimawandel gibt es in beiden schmucken Bildbänden nicht; es wird keine einzige Schneekanone erwähnt. Davon stehen in den Alpen aber insgesamt etwa 80 000 Stück, so eine Schätzung vom letzten Jahr, und beschneien 100 000 Hektar Skipisten. Pro Hektar befahrbarer Schneedecke brauchen sie in der Saison je nach Modell und Außentemperatur zwischen einer und drei Millionen Liter Wasser und zwischen 6000 und 18 000 Kilowattstunden Strom. Ihr jährlicher Wasserverbrauch insgesamt entspricht dem Dreifachen der Großstadt München, ihr Strombedarf dem einer Stadt von einer halben Million Einwohner, also etwa Zürich. Diese Zahlen werden noch ein bisschen eindrucksvoller, wenn man sich daran erinnert, dass die Wintersaison Mitte Dezember beginnt und bis Mitte März geht, drei Monate pro Jahr.

Mehr technische Moderne geht eigentlich nicht. Nur darf die in den kommerziellen Bilderwelten der großen Beschleunigung der Körper in den Bergen nicht auftauchen. Schnee als alpines Tempo- und Idylleversprechen ist vom schlichten Niederschlag zum Statussymbol geworden. Die Wintersportkollektion im gehobenen Preissegment, die das Modehaus Armani im Herbst 2023 erstmals präsentierte, heißt deswegen schlicht »Neve«. Ich sah die Fotos der Modells in Pelzmützen und Skianzügen in Schwarz und Rosa in den Schaufenstern der teuren Münchner Maximilianstraße und dachte: Der letzte Schnee ist eben nicht für alle da. Späte 1950er, Cortina d'Ampezzo für immer.

Die Wirkung dieser alpinen Traumbilder haben die Autorinnen und Autoren einer neuen Studie zum Tourismus mit dem schönen Ausdruck »marketing myopia« charakterisiert. Bei ihnen geht es um die Dolomiten, ihre Einsichten gelten aber für alle Orte von Schladming bis Albertville: Das Allerechteste an den Alpen, schreiben sie, sei die Werbung, die für ihren Besuch gemacht werde. Mindestens ebenso sehr wie an die Besucher richte sie sich an die Anbieter der jeweiligen Dienstleistungen selbst. Mit ihren perfekten Bildern versichere sie allen Beteiligten, dass die Gegenwart die perfekte Fortsetzung bewährter Traditionen aus der Vergangenheit sei; und dass sich nichts ändere, weil sich auch nichts ändern müsse: weißer Rausch als weißes Rauschen in Endlosschleife.[6]

7.

Das Erste, was ich am nächsten Morgen hinter Val d'Isère am Straßenrand vor meiner Frühstückspension sah, war ein großes Werbeplakat für einen allradgetriebenen Geländewagen, Elektro, im verschneiten Alpenpanorama. Muskelkater hatte ich auch. Ich stieg mit etwas Mühe auf mein Rad und rollte hinunter talabwärts nach Bourg-Saint-Maurice, zum Treffpunkt mit den Freunden, die mich und mein Rennrad in ihren Kombi einladen würden und über weitere Autobahnen durch die Berge bequem zurückkutschieren nach Hause, und ich war froh darüber.

Was habe ich gelernt auf meinen Pässen? Dass in den Alpen als Revier der großen technischen Beschleunigung das eigentliche Vergnügen im Hindernis und in der Langsamkeit steckt, jedenfalls für mich. Und dass die Skiorte als hochgerüstete technische Simulakren und Hauptquartiere der Zukunft von gestern, deren Ruinen ich eigentlich besichtigen wollte, zum größeren Teil in ziemlich gutem Zustand sind und vor allem weiter üppig wachsen, wenigstens als Hardware und gebaute Infrastruktur. Das Durchschnittsalter ihrer Gäste ist allerdings in den letzten zwanzig Jahren ständig gestiegen.[7] Es ist also ein Wachstum spezieller Art, nämlich Richtung Vergangenheit; ein ständiges Aufdatieren und Erweitern luxuriöser Versionen der Strukturen aus den 1960er und 1970er Jahren, die nicht vergehen dürfen, egal wie viel Kohlendioxid man dafür in die Luft jagt.

Die Alpen sind ja wirklich ein Gefühl: dieses unbestimmte Gefühl von Aufgeregtheit und Herzöffnung auf der Reise, wenn nach all den öden Einkaufszentren und Einfamilienhäusern plötzlich links und rechts der Autobahn die Berge erscheinen, immer höher und steiler; wenn weiter hinten die Dreitausender aufpoppen, mit Schnee obendrauf. »Die Erweiterung der Pupillen beim Eintritt ins Hochgebirge« hat der Schweizer Autor Niklaus Meienberg das 1981 in einem Gedichtband genannt.

6 Umberto Martini / Federica Buffa / Serena Lonardi, *The Challenges of Sustainability in the Management of Ski Resorts: The Experience of the Dolomites*. In: Ulrike Pröbstl-Haider u.a. (Hrsg.), *Winter Tourism. Trends and Challenges*. Boston: CABI 2019.

7 Thomas Egger, *»Beyond Snow« – Zukunft des alpinen Tourismus*. In: *Swissfuture*, Nr. 51/1, 2024.

Wenn man die Alpen wieder verlässt, gibt es aber kein Gegenstück dazu. Eher Ernüchterung. Oder Erschöpfung. Ferien sind ein großer Gletscher an Vergessenwollen und gleichzeitig der Moment der Wahrheit, deswegen so anstrengend. Was vorher die langersehnte große Belohnung war – das Licht, die Berge, die physische Beschleunigung – verwandelt sich in eine ziemlich mühevolle Aufgabe, die ich aber durchstehen muss, und zwar jetzt. An den französischen Autobahnen auf dem Rückweg standen große Plakate. »Die Ferien warten nicht auf Dich – vor allem nicht an der Mautstelle.«

Sei also ja nicht zu langsam, so die Ermahnung. Deswegen heißen nicht nur die Skiorte, sondern auch die Tankstellen und Mautstellen in Frankreich »stations«, Haltestellen zur besseren Beschleunigung; und deswegen haben wir Alpenkonsumenten es auch immer so eilig mit unseren Motorrädern, Sportwagen, Wohnmobilen und Rennrädern. Denn es ist ja unser Leben, das richtig gute Leben, wir haben nur eines, der Tag ist kurz, und die Zeit läuft. Der lange Anfahrtsweg ist uns egal, der teure Sprit auch, wir wollen so hoch hinauf in die Berge wie möglich, ins gleißende Intensitätstheater, sehnsüchtig, stumm und hungrig nach Licht. Wir wollen dasselbe, was seit hundert oder hundertfünfzig Jahren alle Alpenreisenden wollen und was dort definitiv nicht zu haben ist, ganz egal, wie sehr man aufs Tempo drückt: entkommen.

#wissenfürmorgen
Quo vadis, Demokratie?
DEM DEUTSCHEN VOLKE
Jetzt zum
NEWSLETTER
kostenlos anmelden.
QR Code
hier scannen.
Nomos

Musikkolumne

Bewegen

Von Tobias Janz

Musik und Sport sind verwandte Disziplinen, menschliche Aktivitäten, deren natürliche Affinität zueinander sich dort zeigt, wo sie sich in wechselseitiger Anziehungskraft begegnen. Vorerst einmalig wurden bei den Olympischen Sommerspielen in Paris Medaillen im Breaking vergeben. In sogenannten Battles traten B-Girls und B-Boys jeweils gegeneinander an, DJs und MCs verliehen den Wettkämpfen ein urbanes, jugendliches Flair – oder sollten dies zumindest tun. Das Setting mit Kampfrichtern, Fernsehübertragung und Live-Kommentar ließ insgesamt freilich keinen Zweifel daran, dass es um den Wettstreit zum Teil spektakulär akrobatischer Höchstleistungen ging.

Umso auffallender die Musikalität der Darbietungen. Worin bestand sie? Dass es sich um Tanz-Performances handelte, in denen es wie im Tanz generell um Korrespondenzen zwischen musikalischem Rhythmus und körperlicher Bewegung ging, erklärt noch nicht, was der Fernsehkommentar nachvollziehbar als außergewöhnliche Qualität der Performance etwa der Goldmedaillengewinnerin herausstellte. Bloße Synchronizität, die simple Kongruenz von Beat und Geste, musikalischem Tempo und körperlicher Aktion, war es nicht. Ami, so hieß es, nahm sich Zeit, in den Flow zu kommen, den Groove der Musik aufzunehmen, die in »Freezes« – eingefrorenen Körperbildern und Posen – kulminierenden improvisierten Sequenzen auf den Punkt richtig zu timen.[1] Vor den Augen des Publikums – und der kaum schlechteren Gegnerin Nicka – entstand im Battle etwas qualitativ Neues, etwas, das in der vorproduzierten, vom DJ aufgelegten Musik allein noch nicht da war, das aber ohne die Musik, in einer reinen Turnübung, auch nicht spürbar gewesen wäre.

»Choreomusicology« nennt sich eine noch junge Forschungsrichtung, die sich für die Übergänge beziehungsweise für Untrennbarkeiten von Musik, Klang und Tanzbewegung interessiert, für das, was mehr als nur Musik und mehr als nur stummer Tanz ist. Ähnlich wäre das Phänomen zu bezeichnen, um das es hier geht: als Körpermusik, als sich audiovisuell vermittelnde Musikalität körperlicher Bewegung.

Sport, wie er hier praktiziert wird, ist einerseits nach Regeln ausgetragener Wettkampf, er partizipiert andererseits an einer Form der Bewegungskultur mit eigener Ästhetik und eigenem Bewegungsgedächtnis. Für die globale Bewegungskultur Breaking ist der olympische Sportwettkampf sicher nur ein (nicht unumstrittenes) Randphänomen. Die ins Extreme getriebene Aufmachung als Sport nimmt ihm aber keineswegs seine ästhetischen Qualitäten. Vielleicht zeigen sich die ihm eigenen, archaisch anmutenden Aspekte des Musikalischen sogar besonders deut-

1 www.youtube.com/watch?v=yqCIoG_-X7E

lich unter den live mediatisierten Bedingungen des Sport-Events.

Terminologisch leitet sich »Breaking« vom »Break« ab, jenen Unterbrechungen des Ensemblespiels, die bereits im frühen Jazz improvisierten Instrumentalsoli Raum gaben. Ihnen entsprechen die ad hoc improvisierten Tanz-Soli zu den instrumentalen »Breaks« der Pop- und Disco-Musik der 1970er Jahre, aus denen sich dann von New York aus der Breakdance entwickelte. Die naheliegende Genealogie verweist auf subsaharische Traditionen von Musik und Tanz, die der Jazz beerbt. Mit Blick auf das agonale Moment ist es keineswegs falsch, selbst wenn der Schritt etwas bizarr erscheinen mag, auch an die virtuose Konzertmusik der europäischen Tradition zu denken, denen der hybride Jazz seinerseits einiges verdankt.

Der in der höfischen Kultur des 17. Jahrhunderts ausgebildete Wechsel von *concerto* und *ripieno* wurde zur formalen Grundlage aller größer besetzten Instrumentalmusik bis weit ins 20. Jahrhundert. Terminologisch fängt das »concertare«, der geläufigen Definition folgend, den musikalisch produktiven Spannungszustand zwischen Wettstreiten und Kooperieren ein, während »ripieno«, die kollektive Seite der Musik, italienisch schlicht Füllmaterial bedeutet. Konzertierende Passagen stellen, von Corelli bis Rachmaninow, bisweilen aberwitzige instrumentale Höchstleitungen aus, konservieren noch unter dem Paradigma der autonomen Musik aber auch das improvisatorische Moment des Ad hoc, das im Jazz dann gattungskonstitutiv wird.

Archaisch, und das scheint das Verbindungsmoment der sehr heterogenen Musikrichtungen zu sein, ist wohl das Prinzip einer musikalisch vermittelten, prinzipiell berührungslosen körperlichen Interaktion zwischen allen Beteiligten. Es sind Darbietungen vor den Augen – und Ohren – Anderer: der spielerische Wettstreit mit der Konkurrentin, mit der man sich im Können und Gelingen misst, das Performen vor dem Blick der Zuschauer, um deren Anerkennung man wirbt; nicht zu vergessen das Feedback zwischen Bühne und (medial verstreuter) Tribüne, denn was auf der Bühne geschieht, überträgt sich auf die Zuschauer und sorgt für jene unplanbaren kollektiven Präsenzmomente, die die Sport und Musik gemeinsame ästhetische Erlebnisqualität ausmachen.

II

Auch Musik ist multimodal vermittelte Bewegungskultur. Die Bewegung wäre das Sport und Musik grundsätzlich Gemeinsame, Tanz die Kunstform, in der die körpermusikalische Darbietung zum Prinzip wird. Angesichts des möglicherweise anthropologischen Charakters der hier berührten Phänomene überrascht es, dass der Zusammenhang von Musik und Bewegung noch heute grundsätzliche Fragen aufwirft. Kaum etwas an der Musik scheint schließlich so selbstverständlich wie der elementare Konnex zwischen Klang, Rhythmus und körperlicher Motorik.

Intuitiv mögen wir uns Musik als etwas vorstellen, das uns deshalb motorisch aktiviert, weil es selbst bewegt ist, auch wenn bei Weitem nicht jede wahrgenommene Bewegung dies mit uns tut. Forschungen zur »Verarbeitung« von Musik im Nervensystem scheinen genau dies aber für die musikalische Bewegung nahezulegen. Die simple Vorstellung einer kausalen Folge von Signal, Verarbeitung und Aktivierung wäre freilich arg mechanistisch gedacht. Mag sein, dass sie sich einer technikfixierten Zeit aufdrängt, die Musik vor allem rezeptiv, vom Hörer und Konsumenten her denkt. Neben dem reaktiven Bewegt-Werden durch musikalische Reize gibt es – Theorien des »Embodiment« bestätigen heute, was bereits die klassische Rhetorik lehrte – das aktive Bewegen durch praktizierte Musik, das Musikmachen, um sich und andere zu bewegen (im physischen und emotionalen Sinn). Musikalische Bewegung scheint stets auf dem Zusammenwirken von agierendem Vollzug und reagierendem Mit- oder Nachvollzug zu beruhen.

Die Formen bewegten Klangs in der Musik sind unzählbar. Er kann intentionsloses Resultat physischer Bewegung sein und als solches musikalisch aufgefasst und imitiert werden – rauschende Wälder, hämmernde Schmiede, klappernde Mühlen, Explosionsketten im Vierzylinder, was auch immer. Bewegter Klang kann aber auch gestisches Ausdrucksprinzip sein, eine Form der Kommunikation – der wie ein Projektil fortgeschleuderte Pfiff, die das Kind wiegende Stimme, Affektkonturen der Rede. Bewegter Klang ist für das Hören dann intentional auf etwas gerichtet und nicht einfach »da«.

Philosophen fragen nun weit grundsätzlicher und genauer, ob die dem Klang in solchen Fällen zugeschriebene Bewegung überhaupt »real« sei. Bekanntlich hat die Physik des Schalls etwas mit Bewegung zu tun. Aber die Mikrophysik des Schalls – wellenförmige Ausbreitung physikalischer Kraft in einem Medium – ist nicht die Bewegung, um die es hier geht. Auch der einzelne Sinuston ist physikalisch bewegt, wird aber offensichtlich als unbewegt empfunden (nur so kann er am medizinischen Monitor den Herzstillstand anzeigen). Folgen mehrerer Töne erscheinen als musikalische Bewegung, obwohl auch sie strenggenommen nur ein mehr oder weniger regelmäßiger Wechsel und Übergang solcher »unbewegter« Klänge unterschiedlicher Qualität, Dauer und Intensität sind, der keinerlei Ortsveränderung, das heißt reale Bewegung erfordert. Woher dann aber die motorische Aktivierung, zu der Musik offenbar weit stärker fähig ist als das in seiner Zeitlichkeit verwandte stumme Bewegtbild?[2] Folgt die qualitative Erfahrung von Musik anderen Gesetzen als die quantitativ messbare Physik des Klangs? Und wenn nicht: Was verbindet sie?

Helmuth Plessner hat diese Fragen vor gut einem Jahrhundert beantwortet. Vermittelnd zwischen der Phänomenologie und der im 19. Jahrhundert entstandenen Psychophysik, Vorläuferin der heutigen Neurowissenschaften, wirbt er in seiner *Ästhesiologie des Geistes* (1923) für ein »Zurück zu Kant«, wenn auch mit wichtigen Abweichungen. Während in Kants Erkenntnistheorie Raum und Zeit als formales Apriori vorausgesetzt werden, postuliert Plessner ein »materiales Apriori« des menschlichen Geistes, das objektive Sein der natürlichen Umwelt, das zum Angelpunkt zwischen den erfahrungsunabhängigen quantitativen Bestimmungen der Physik und der qualitativen Dimension von Wahrnehmung und Empfindung

2 So jedenfalls Markos Tsetsos, *Hegel, Plessner und die dispositionale Realität musikalischer Bewegung*. In: *Musik & Ästhetik*, Nr. 110, April 2024.

wird. Sinnesqualitäten sind demnach weder nur auf quantifizierbare Kausalwirkungen zurückzuführen noch rein subjektive Erlebnisse, Plessner spricht von »möglichen Modi der Materie«.[3] Die sinnliche Erfahrung des Menschen ist, so die Vorstellung, entwicklungsgeschichtlich und phänomenologisch untrennbar eingebettet in seine Umwelt. Mit diesem materialen Apriori wird Plessners Anthropologie der Sinne zum Vorläufer heutiger ökologischer und enaktivistischer Wahrnehmungstheorien.

Die Bewegung der Musik wird für Plessner interessant, weil sich an ihr eben jene Verbindung zwischen objektivem Sein und qualitativer Erfahrung zeigen lässt. Was wir als musikalische Bewegung wahrnehmen, ist ganz kantianisch gedacht Produkt unseres Geistes und entspricht nicht einem davon unabhängigen objektiven Sein des musikalischen Klangs. Es ist gegenüber diesem allerdings auch nicht autonom, sondern aktualisiert sich als in ihm angelegte Möglichkeit.

Der vermittelnde Übergang erfolgt für Plessner in dem, was er den phänomenalen Leibesraum nennt. Musikalischer Klang wird grundsätzlich leiblich erfahren, und zwar so, dass von Beginn an die räumliche und die Bewegungsdimension im Spiel sind. Plessner spricht von der »Fern-Nähe« des musikalischen Hörens, das einerseits wie das Sehen als Distanzsinn auf Äußeres gerichtet sei, andererseits auf das Selbst und das Innen, den »tönenden Leib«, der nicht nur im Hören der eigenen Stimme mitschwingt, sondern vom seinerseits fern-nahen Klang der Musik durchdrungen wird. Der phänomenale Leibesraum verleiht dem Klang seine spezifische Voluminosität, »Räumigkeit«. Innerhalb dieser Räumigkeit hat der Klang dann auch ganz konkret seinen Ort zwischen Oben und Unten, analog zum Sitz des Stimmklangs zwischen Schädeldecke und Unterleib. Der eigentliche Bewegungsraum der Musik ist also nicht der kartesische Raum der visuellen Wahrnehmung, sondern der in diesem situierte phänomenale Leibesraum.

Wie kann aber »die gegenständliche Form [der Musik] einen so bezwingenden Einfluß auf Haltung und Bewegung des Leibes ausüben, daß er an die Gründe der Seele rührt und aus dieser Erregung seine plastische Kraft zieht?« Und warum empfinden wir die Bewegung der Breakerin oder (Plessners zweites Beispiel neben dem Tanz) des Dirigenten unmittelbar als richtig, adäquat, und zwar so, dass der entstehenden Körpermusik eine nicht minder bezwingende ästhetische Eigenqualität zukommt?

Für Plessner ist der körperliche Mitvollzug von Musik, der im Tanz und der Bewegung des Dirigenten plastische Gestalt annimmt, schlicht die adäquate Weise, den Sinn der Musik zu verstehen. Ein späterer Text verweist auf Adornos Diktum aus dem *Fragment über Musik und Sprache*, Musik zu deuten, heiße Musik machen. Der Groove des Hip-Hop-Tracks wird insofern erst dann wirklich zum Groove, und das »jazz feel« im *Prologue* von Bernsteins *West Side Story* erst in dem Moment zum wirklichen »jazz feel«, die verschachtelte Formarchitektur einer Bruckner-Symphonie erst dann zu leben-

3 Helmuth Plessner, *Die Einheit der Sinne. Grundlinien einer Ästhesiologie des Geistes* [1923]. In: Ders., *Anthropologie der Sinne* (Gesammelte Schriften, Bd. 3). Frankfurt: Suhrkamp 2003.

diger Form, in dem sie gemacht im Sinne von körperlich mitvollzogen werden, und sei es in der inneren Bewegung des äußerlich reglosen Konzerthörers. Anders gesagt: Die bloße physikalische Materialität des Klangs ist musikalisch sinnlos, musikalischer Sinn entsteht erst im geistig-körperlichen Mitvollzug dessen, was im Klang der Musik als Möglichkeit angelegt ist.

Beim Dirigieren ist dies besonders kompliziert. Der Dirigent erfüllt seine Funktion durch Taktschlagen und steuernde Koordination der Musiker. Dirigieren ist – wie der Tanz – aber auch den Sinn der Musik mitvollziehende Ausdrucksbewegung. Anders als (üblicherweise) beim Tanz möchte die Bewegung des Dirigenten den Klang wiederum in seiner Entstehung formen, was eher der technisch-materiell bedingten Bewegung von Sängerinnen und Instrumentalisten entspricht. Der sich frei bewegende Dirigent, man denke an den legendären Mitschnitt der Bühnenkamera von Carlos Kleibers *Tristan*-Dirigat in Bayreuth 1976, jene seltsame Form des für sich genommen laut- und berührungslosen Musizierens, ist deshalb von ganz eigentümlicher Faszination.

III

Am Dirigieren lässt sich studieren, was Plessners Anthropologie der Sinne nur am Rande interessiert: eben jene musikvermittelte, berührungslose Form der menschlichen Interaktion. Vor allem Alfred Schütz hat in der musikalischen Bewegung schon früh das ergiebige soziologische Thema erkannt. Ausgehend von Max Webers Begriff der Sozialbeziehung als »aufeinander gegenseitig *eingestelltes* und dadurch orientiertes Sichverhalten mehrerer« geht es ihm in *Making music together* (1951) um die Spezifik »aller sozialen Interaktionen, die mit dem musikalischen Prozeß verbunden sind«. Für Schütz verweist die begriffslose, nichtsemantische Kommunikationsform der Musik auf »präkommunikative Sozialbeziehungen«, auf die zur Conditio humana gehörende elementare Face-to-face-Konstellation von Ich und Du. Musik wird für Schütz zum heuristischen Modell jeglicher Kommunikation.[4] So erklärt sich die auch Schütz auffallende Affinität von Musik und Sport: Baseball, Tennis, Fechten stehen ihm 1950 als dem Musizieren verwandte Sportarten vor Augen, daneben Tanzen, Marschieren sowie – in der Assoziationskette nur auf den ersten Blick überraschend – Sex und Liebesspiel.

Während Plessner den musikalischen Sinn über die Vermittlungsstation des Leibes von vornherein räumlich denkt, geht Schütz den Umweg über die Zeitphilosophie Henri Bergsons, die Musik dezidiert unräumlich, als »sinnvolle Anordnung« des sich »in der inneren Zeit abspielende[n] Strom[s] der Töne«, also vom *temps durée* und gerade nicht vom *temps espace* her begriffen hatte. Gerade deshalb kann die Bewegung im Raum aber auch bei Schütz eine entscheidende Vermittlerrolle übernehmen. Sie vermittelt hier zwischen den unterschiedlichen zeitlichen Ereignisreihen, die in den musikalischen Prozess involviert sind, und wird genau darin zum eigentlich sozialen Element der

4 Alfred Schütz, *Gemeinsam musizieren*. In: Ders., *Schriften zur Musik* (Werkausgabe, Bd. 7). Hrsg. v. Gerd Sebald u. Andreas Georg Stascheit. München: Herbert von Halem 2016.

Musik. Schütz denkt an die für die Opus-Musik grundlegende Verschmelzung der im Werk vergegenständlichten Zeit mit dem Zeitbewusstsein des reproduzierenden Musikers. Virtuell eine Alter-Ego-Situation über den Abstand von Jahrzehnten oder Jahrhunderten, die aber auch beim Grammofonhören funktioniere.

Für das gemeinsame Musizieren entscheidend ist, was in realer zeitlicher Kopräsenz mehrerer Menschen passiert. Musikmachen als soziale Interaktion bedeutet, den gemeinsamen Mitvollzug musikalischen Sinns zu synchronisieren und dadurch etwas entstehen zu lassen, das mehr ist als die Summe der individuellen Aktionen. Der Dirigent »übersetzt« die »innere Zeit der Musik in den Raum der äußeren Zeit«, aber nicht nur in dieser historisch voraussetzungsreichen Musikpraxis geht es um eine derartige Synchronisation, sie ist die Voraussetzung allen gelingenden gemeinsamen Musizierens.

Wer die Erfahrung kennt oder Musik auf intensive Weise kollektiv erlebt hat, weiß um das musikspezifische Flow-Gefühl, das Gefühl, in seinen körperlichen Vollzügen von etwas getragen, gelenkt zu sein, das mehr ist als das, was man selbst dazu beiträgt. Soziologen sprechen von »Resonanz« oder »Efferveszenz«, um derartige intersubjektive Effekte zu beschreiben. Meist ist mit solchen Metaphern freilich viel mehr und anderes als nur Musik gemeint, weshalb es darauf ankommt, das Musikspezifische an der musikalischen Bewegung zu betonen.

Auch hier hilft das Nachschlagen bei Kant. Seine Reflexionen über das Schöne (in *Kritik der Urteilskraft*) verweisen auf das subjektiv beglückende Gefühl, mit unserer sinnlichen Anschauung in die Welt zu passen. Seine Ästhetik besitzt aber auch eine starke intersubjektive, soziale Komponente, auf die der Schlüsselbegriff »Gemeinsinn« anspielt: mit dem Gedanken, dass die subjektive ästhetische Erfahrung zur Mitteilung drängt und bei den Anderen gleichzeitig um »Beistimmung [...] wirbt«. Geschieht nicht genau dies in der Musik und ihrer performativen Doppelbewegung? Als immersiver Mitvollzug musikalischen Sinns resultiert die körpermusikalische Bewegung im subjektiven Gefühl des In-die-Welt-Passens. Als musikalische Interaktion hat sie demgegenüber den Charakter jenes kommunikativen Werbens um Zustimmung. Ihre klanglich-gestische Form artikuliert sich quasi als gemeinschaftsstiftender deiktischer Appell, als »Hör mal, dies hier!« oder »Schau, so geht die Musik!« Dass sich der kooperative Charakter dabei in eine agonale Konstellation wenden kann, bedeutet keineswegs einen Bruch, sondern im Gegenteil ein spielerisches Ausreizen der Grenzen, die der musikalische Prozess setzt.

Wenn gelingende musikalische Interaktion ein kompetitives Moment umfassen kann, gilt umgekehrt allerdings auch, dass keine Musik als solche vor destruktiven Sozialbeziehungen schützt. Im Bewegen und Bewegt-Werden durch Musik ist die Möglichkeit der Machtausübung, der Macht über die Anderen und des reziproken Autonomieverlusts angelegt. Aufschlussreich ist es, wie unsere Gegenwart die verspätete Normalisierung der Dirigentin feiert und wie im gleichen Zug die überwunden geglaubte Figur des autoritären Charismatikers am Pult, die sozialen Sprengkräfte in seinem Umfeld sowie die oft toxischen Machtverhältnisse in

Symphonieorchestern verhandelt werden, so jüngst in den Spielfilmen *Tár* (2022) und *Maestro* (2023). Auch in vermeintlich urdemokratischen Formen des Musizierens (Streichquartett oder Rockband), vielleicht sogar gerade hier und gerade bei den besten Ensembles, gibt es lange Listen derer, die sich in erbittert ausgefochtenen Konflikten zerrieben haben.

Und schließlich gehört zum Bewegen durch Musik auch das Scheitern: zu scheitern, weil der Musik das Bewegende fehlt, aus Unmusikalität und mangelnder Ansprechbarkeit, aus performativem Unvermögen. Wie in diesem Sommer im Fall der bedauernswerten australischen Breakerin Rachel Gunn, die nach ihrer unglücklichen Performance in Paris einer globalen Welle der Häme und medialer Ausgrenzung ausgesetzt war. Das böse Lachen über die, die es nicht können, dürfte die Musik begleiten, solange es sie gibt. Es sollte diejenigen irritieren, die in ihr nur den Idealfall gelingenden Miteinanders vor Augen haben; denn dass das musikalische Scheitern und Unglück einer Einzelnen zum Keim einer wenig sympathischen Sozialität werden kann, berührt wahrlich ein anthropologisches Grundproblem, hinter dem nur nüchterne Ironie einen höheren Zweck vermuten wird.[5]

5 Vgl. Immanuel Kant, *Idee zu einer allgemeinen Geschichte in weltbürgerlicher Absicht* (Werkausgabe, Bd. 11). Frankfurt: Suhrkamp 1977.

How to Support a Revolution (II)

»Frau, Leben, Freiheit – emanzipatorische Potenziale«

Von Nacim Ghanbari

Asphaltboden, vier Menschen. Vom rechten Bildrand bewegen sich zwei Figuren hintereinander Richtung Bildmitte: Frauen im schwarzen Tschador. Die vordere lässt ein bisschen Gesicht erkennen, die hintere ist vollständig umhüllt. Unten links zwei junge Frauen, die lachend in die Kamera, nach oben blicken. Eine der beiden streckt den Arm, zeigt das Victory-Zeichen. Zugewandt, freundschaftlich nebeneinander schreitend, farbig und hell gekleidet, ohne Kopfbedeckung: Diese beiden stehen für die Iranerinnen, die nach dem Tod Jina Mahsa Aminis auf die Straße gingen. Wofür stehen die beiden Verhüllten?

Als Illustration eines aktuellen Artikels über Iran reproduziert dieses Foto die vermutlich beliebteste Art der visuellen Repräsentation iranischer Gegenwart:[1] eine Komposition aus verschleierten und unverschleierten Frauen, wobei der maximale Kontrast bevorzugt wird. Obwohl in Iran unterschiedliche Formen der Kopfbedeckung und Verhüllung üblich sind, scheint die Kamera vor allem den schwarzen Tschador zu lieben. Ahmad Halabisaz' Foto einer jungen, unverschleierten, an einem Cafétisch sitzenden Frau, in deren Rücken eine Gruppe von Frauen im

1 Raphael Geiger, *Im Land der Einsamen.* In: *SZ* vom 16. August 2024 (www.sueddeutsche.de/projekte/artikel/politik/iran-teheran-hinrichtungen-mullahs-revolution-e693137/).

Tschador vorbeizieht, arbeitet ebenfalls mit diesem Motiv.[2]

Diese Bilder suggerieren einen Antagonismus der gesellschaftlichen Kräfte, einen inneriranischen Clash of Cultures, der wichtige soziologische Erkenntnisse verdeckt. Umfragen belegen, dass sich die Mehrheit der iranischen Bevölkerung für die Freiwilligkeit des Hijab ausspricht. In der Gruppe der befragten Frauen ist die Zustimmung statistisch noch eindeutiger.[3] In Iran kämpfen nicht zwei gleichgewichtige kulturelle Lager gegeneinander. Die oft wiederholte Rede von Iran als dem Land der Kontraste verharmlost die Tatsache, dass die Militärdiktatur, zu der sich die Islamische Republik immer mehr entwickelt, den Hijab aus dem Bereich des Kulturellen längst verdrängt hat.

Das verzweifelte Festhalten an überkommenen Bildern und Deutungsmustern war ein wiederkehrendes Sujet der politischen Analysen, die im zweiten Teil der Kölner Ringvorlesung »Frau, Leben, Freiheit – emanzipatorische Potenziale« diskutiert wurden. Im Vortrag »Deutsche und europäische Iran-Politik im Wandel« – ein irreführender Titel – zeigte Simon Engelkes, weshalb die deutsche Bundesregierung und die Europäische Union weiterhin in die politische Zukunft der Islamischen Republik investieren. Von »Wandel« kann keine Rede sein. Dabei wurden zwei Geschichten aufeinander bezogen: das Zustandekommen des JCPoA (Joint Comprehensive Plan of Action) als »wichtigstem außenpolitischen Erfolg der Europäer« sowie die politische Geschichte deutsch-iranischer Beziehungen, die in das Jahr 1914 zurückreicht und in der das Atomabkommen als diplomatischer »Meilenstein« gewertet wird.[4]

In den Verhandlungen mit der Islamischen Republik schlüpfte die Bundesrepublik in die Rolle der »Vermittlerin« zwischen dem Regime und – man kann es nicht anders sagen – dem Rest der Welt. Damit wiederholte sich eine Konstellation aus der Zeit des Iran-Irak-Kriegs, in der Hans-Dietrich Genscher als erster westeuropäischer Politiker seit 1979 das Land bereiste und damit das bis dahin geächtete Regime legitimierte. In Interviews rechtfertigte er die Reise vom 21. Juli 1984: »Nichts wäre falscher, als dieses große und wichtige Land zu isolieren.«[5] Genschers Besuch diente als Vorbild für weitere europäische Politiker, die sich von da an moralisch nicht mehr gebunden fühlten und die Geschäftsbeziehungen mit der Islamischen Republik wieder aufnahmen.

Der eigentliche Schwerpunkt der Veranstaltungsreihe lag jedoch auf der Geschichte der Künste in Iran. Eine Geschichte staatlicher Verhinderung und Zensur sowie eine der globalen Ausweichmöglichkeiten. Angesichts politischer Stagnation ist die historische Rekonstruktion widerständiger, künstlerischer Gegenöffent-

2 Ahmad Halabisaz, *Untitled* vom 27. Dezember 2022 (www.worldpressphoto.org/collection/photo-contest/2023/Ahmad-Halabisaz/1).

3 Vgl. Yaghoob Foroutan, *Demographic analysis on social perceptions of Hijab in contemporary Iran: dimensions and determinants*. In: *British Journal of Middle Eastern Studies*, Nr. 49/5, 2022.

4 Vgl. Ali Sadrzadeh, *Wie die Deutschen in den Iran kamen*. In: *Iran Journal* vom 28. November 2018 (iranjournal.org/wirtschaft/deutsch-iranische-beziehungen).

5 *»Teheran will mit dem Westen einen politischen Dialog beginnen«*. In: *FAZ* vom 24. Juli 1984.

lichkeiten eine Möglichkeit, um die Erinnerung an die landes- und weltweite Protestbewegung wachzuhalten, die das Regime im Herbst und Winter 2022 an den Abgrund führte. Die Vorträge legten die verschiedenen Schichten politischer Kunst frei – vom frühen 20. Jahrhundert bis heute.

»*Meanwhile in Tehran …*«

Ein knapp einminütiges Video war das erste Beispiel einer Performance im öffentlichen Raum, das im Rahmen der Ringvorlesung gezeigt wurde.[6] Es folgten viele weitere Beispiele. In dem kurzen Video tanzt eine sehr athletisch wirkende, junge Frau in der Teheraner Metro. Zum scheppernden Sound von *Salute*, einem Song der britischen Band Little Mix, vollführt sie ausladende Breaking-Bewegungen: auf den Boden, mit einem Sprung in die Höhe schnellend, den gesamten Wagen einnehmend, so dass die filmende Handy-Kamera nur ruckartig hinterherkommt. »Das ist wohl die neueste Mode«, hört man eine ältere Frau in abgespannt-amüsiertem Ton sagen. Die Menschen im Wagen scheinen darum bemüht zu sein, nicht als Schaulustige zu wirken. Da nur die Musik zu hören ist und niemand spricht, wirkt die Gruppe wie ein nachdenkliches Theaterpublikum.

Der Sender BBC verlinkte das Video am 27. November 2014 in der Reihe »BBC Trending. What's popular and why«. Der kurze Kommentar informiert darüber, dass das Video auf der von Masih Alinejad betriebenen Seite mystealthyfreedom.org knapp 900 000 Klicks verzeichnet. In Elaheh Hatamis Vortrag »Zur Rolle des Tanzes in der Bewegung Frau, Leben, Freiheit« diente das Video als Ausgangspunkt für eine iranische Geschichte der »gendered bodies in motion«. Der Vortrag führte in das 19. Jahrhundert der Qajaren-Dynastie, wo adlige Europareisende zum ersten Mal Balletttänzerinnen sehen und aus Europa die Begeisterung für Tutus mitbringen – die höfische, modische Vorliebe für die Kombination aus kurzem Rock, Seidenstrümpfen und Kopfbedeckung geht auf diese Reisen zurück und ist aus der populären Iran-Ikonografie inzwischen nicht mehr wegzudenken –, und von dort in die Regierungszeit Mohammad Reza Pahlavis (1941–1979).

In dieser Zeit lernen die Töchter der Oberschicht Ballett, es entstehen Ballettschulen, und der Tanz wird zu repräsentativen Zwecken eingesetzt. Die Revolution von 1979 zwingt die Tänzerinnen ins Exil oder in den Untergrund. Die Tänzerin und Choreografin Farzaneh Kaboli gehört zu den wenigen Akteurinnen der iranischen Tanzszene, der es gelingt, ihren vorrevolutionären Ruhm in die Zeit nach der Revolution hinüberzuretten, indem sie das Medium wechselt: Aus der bekannten Primaballerina wird eine bekannte Filmschauspielerin.

Im Vergleich mit den anderen Künsten ist die Repression gegen den Tanz in der Islamischen Republik die härteste, was sich etwa auch daran zeigt, dass die Verwendung des Wortes (persisch »raghs«) in Publikationen verboten ist. Hatami benannte auch die Kräfte, die neben dem staatlichen Verbot auf den Tanz einwirken: etwa gesellschaftliche Konventionen,

6 *#BBCTrending: Dancing woman flouts rules on Tehran Metro*. In: *BBC* vom 27. November 2014 (www.bbc.com/news/blogs-trending-30228632).

die das Tanzen vor Publikum sehr oft familial einzuhegen versuchen. Trotz der zahlreichen Reglements legt die große Menge der Tanzvideos, die im Zuge der Protestbewegung durch soziale Medien die Weltöffentlichkeit erreichten, die Vielfalt der tänzerischen Arrangements offen: Anlässlich des Weltfrauentages am 8. März 2023 wurde ein Video gepostet, auf dem fünf Mädchen in der Teheraner Hochhaussiedlung Ekbatan zur Musik des nigerianischen Sängers Rema tanzen.[7] Viral ging ebenso der Tanz Khodanur Lojeis (Lajeis) aus Belutschistan, dessen Choreografie viele Protestierende aufgriffen. In den sozialen Medien teilten Familienangehörige kurze Videos, die zeigten, wie die Menschen, die durch bewaffnete Regimekräfte im Zuge der Proteste getötet wurden, kurz zuvor bei familiären Zusammenkünften tanzend gefeiert hatten.[8] Schließlich hat sich als eine Art bewegte Mahnwache der gemeinsame Tanz vor der Botschaft der Islamischen Republik als Protestform etabliert. Wie etwa in Paris anlässlich der iranischen Neujahrsfeier am 21. März 2023, angeführt von Marjane Satrapi.[9]

Die erfinderische Verwendung sozialer Medien in Iran[10] zeigt sich in vielen künstlerischen Bereichen und gab auch den Anstoß zu einem Projekt der Musikethnologin Yalda Yazdani, die den Film *The Female Voice of Iran* (2020) präsentierte. Da der solistische Gesang von Frauen auf öffentlichen Bühnen in Iran untersagt ist, nutzen iranische Sängerinnen den digitalen Raum für Aufführungen. Der Film blendet stets erst das Social-Media-Profil der Sängerin ein, bevor diese dann im Gespräch mit der Filmcrew, in Interaktion mit den übrigen Sängerinnen und in freier Landschaft gezeigt wird. Die virtuelle Verbindung als Initialmoment der persönlichen Begegnung strukturiert überdies das filmische Narrativ, in dem die anonyme Negar auf Englisch mittels eines Talismans Einladungen ausspricht und Verbindungen aufbaut.

Das musikalische Roadmovie hat das Ziel, weibliche Stimmen aus allen Teilen des Landes zusammenzuführen. Der Wunsch, Lieder und Aufführungspraktiken vor dem Vergessen zu bewahren, wird gleich im ersten Gespräch mit Baran Mozafari in Buschehr am Persischen Golf ausgesprochen. Fremd- und Eigenethnografie sind in diesem Film aufeinander bezogen, denn die aufgesuchten Sängerinnen sind ihrer jeweiligen Herkunftsregion sehr verbunden. Das zeigt sich in der großen Zuneigung zu der dort jeweils gesprochenen Sprache, die sich gegen die Dominanz des Persischen zu behaupten versucht. Indem sie auf Arabisch,

7 Ardeshir Tayebi, *Iranian Authorities Reportedly Searching for Girls Who Danced on Women's Day*. In: *RFE/RL's Radio Farda* vom 10. März 2023 (www.rferl.org/a/iran-video-girls-dancing/32312164.html).

8 Ein Zusammenschnitt dieser Videos wurde im Dezember 2022 auf die Mauer der Botschaft der Islamischen Republik projiziert (www.youtube.com/watch?v=pN-fY_fYNjs).

9 *Iranian-Born Satrapi: »We'll Roll Our Butts Until We Poke Their Eyes Out«*. In: *IranWire* vom 22. März 2023 (iranwire.com/en/women/114982-iranian-born-satrapi-well-roll-our-butts-until-we-poke-their-eyes-out/).

10 Vgl. etwa Kerstin Schankweiler / Verena Straub, *Bildproteste für die Freiheit im Iran. Die Mimefication des Widerstands in den Sozialen Medien*. In: *21: Inquiries into Art, History, and the Visual*, Nr. 4/1, 2023.

Aseri und Kurdisch singen, widersetzen sie sich repressiven Maßnahmen des Regimes, das in der Schule den Kindern ihre Muttersprache austreibt. Als ein gemeinsamer Bezugspunkt der Gespräche erweist sich die Erinnerung an den Iran-Irak-Krieg (1980 bis 1988), die sowohl bei Mina Deris über die Stadt Abadan als auch bei Maliheh Moradi über Garmsar auftaucht. Die Angst vor einem bevorstehenden Krieg in einem der letzten Gespräche mit der jungen Sängerin Mahya Hamedi verbindet die iranische Geschichte der 1980er Jahre mit der Gegenwart.

Räume des Widerstands: Gärten und Höfe

Die Suche nach einem geeigneten Raum für den gemeinsamen Auftritt ist ein Leitmotiv von *The Female Voice of Iran*. Die Sängerinnen kommen zusammen, um sich zunächst über die Form des geplanten Konzerts zu verständigen. Nachdem sie sich jeweils zu zweit oder zu dritt in Cafés verschiedener Städte getroffen haben, strömen sie am Ende des Films alle zusammen, Hand in Hand zu einem großen Garten in Isfahan.

Alle Wege führen nach Isfahan: Indem der Film die Hauptstadt der Safawiden-Dynastie (1501–1736) als dramaturgisches Zentrum setzt, spielt er auf die höfische Tradition in der iranischen Geschichte an. Er fängt zärtliche Momente zwischen Liebespaaren ein – versetzt die Paare jedoch szenografisch in eine Landschaft, die auf beängstigende Weise verdorrt ist. Ein vollständig ausgetrocknetes Flussbett und ein Granatapfel, dessen Saft im Wüstensand versickert, kontrastieren als Bilder des Versiegens und Verkümmerns mit dem saftigen Grün des großen Gartens in Isfahan.

Was in *The Female Voice of Iran* der grüne Garten ist, ist in Bahar Ebrahims Dokumentarfilm *16 Frauen* (2018) der Innenhof (persisch »hayat«) eines mehrstöckigen Hauses in Teheran, der ein Kollektiv entstehen lässt. Hier sind es Freundinnen, Nachbarinnen, Mütter und Töchter, die auf steinernen Stufen sitzend ins Gespräch kommen. Im Unterschied zu *The Female Voice* bezieht der Film *16 Frauen* seine Energie aus der physischen Abwesenheit männlicher Figuren. Während in *The Female Voice* Väter, Brüder und Ehemänner am Rande auftauchen, lässt sich *16 Frauen* als eine filmische Variation von Shahrnush Parsipurs Roman *Frauen ohne Männer* (1989) lesen. Die männlichen Figuren dieses Films sind entweder verstorben oder Teil einer längst vergangenen Geschichte. Die »Avantgarde der Einsamen« als das Thema eines der eindrücklichsten Gespräche im Film – diesmal in einer modern eingerichteten Wohnung – hat in der gegenwärtigen iranischen Gesellschaft eine besondere Bedeutung. Obwohl das Gespräch im Film den Rahmen des Persönlichen nicht verlässt, ist die gesellschaftliche Sprengkraft des Themas augenfällig, wenn man dieses Gespräch zu einigen weiteren Szenen des Films in Verbindung setzt: Mit einem Laden in einer Shopping-Mall und einer Fahrstunde im Auto sind berufstätige Frauen in professioneller Interaktion mit anderen Frauen zu sehen. Die Bilder sprechen eine eindeutige Sprache: Diese Form beruflicher Eigenständigkeit kennt kein männlich geprägtes Umfeld – die Avantgarde der Einsamen gibt sich hier als die Avantgarde der Alleinstehenden zu erkennen.

Beide Filme erscheinen wenige Jahre vor dem Ausbruch der Proteste im Herbst 2022. Es sind Filme über unterschiedliche Formen der Kollektivbildung. Noch bevor sich auf der Trauerfeier für Jina Amini am 17. September 2022 in Saqqez Kurdinnen kollektiv die Kopftücher abnehmen, erproben die in den Filmen zu Wort kommenden Iranerinnen einen neuen Umgang mit der Kopfbedeckung. In *The Female Voice* sind die farbenfrohen, dekorativ wirkenden Schals sowie die traditionellen, aufwändig gearbeiteten Stoffe sehr auffällig und konterkarieren das Ziel des Regimes, Individualität im öffentlichen Raum zu vernichten. Gegen den Verhüllungs- und Bedeckungszwang setzen die Sängerinnen die Farbenpracht und Opulenz ihres jeweiligen Aufzugs. *16 Frauen* wiederum geht einen Schritt weiter, indem der Film Szenen aus privaten Innenräumen zeigt, in denen die Frauen auf die Kopfbedeckung ganz verzichten. Zwar ist dies in Iran sehr üblich, der Verschleierungszwang bezieht sich in erster Linie auf den öffentlichen Raum.

Dennoch hat die Selbstzensur in der Vergangenheit teilweise dazu geführt, dass der Dokumentarfilm den Verschleierungszwang in die privaten Räume hinein verlängerte. *16 Frauen* bricht mit dieser Tradition und zeigt Gruppen von Freundinnen und guten Bekannten, die sich offensichtlich darin einig sind, vor der Kamera unverschleiert zu erscheinen.

Auf beiden Seiten: der Dokumentarfilm

Die Komplizenschaft des Dokumentarfilms mit dem Kampf der Iranerinnen um die Durchsetzung ihrer Rechte stand im Zentrum von Ziba Mir-Hosseinis Vortrag über *Divorce Iranian Style* (1998). Der international breit rezipierte Film der britischen Dokumentarfilmerin Kim Longinotto, der in Kooperation mit der Ethnologin Mir-Hosseini entstand, begleitet eine Reihe verheirateter Frauen vor ein Familiengericht in Teheran. Da die Scharia das für beide Eheleute geltende gleiche Recht auf Scheidung nicht kennt, sind die Frauen darauf angewiesen, entweder auf die wenigen Ausnahmeregelungen zu pochen – etwa im Fall der Unfruchtbarkeit des Mannes – oder aber die beteiligten Ehemänner zur Einwilligung zu bewegen. Wie schon in der Diskussion zu *16 Frauen* sorgte auch hier die Bereitschaft der Beteiligten, vor der Kamera intime Details aus ihrem Privatleben preiszugeben, für Erstaunen und Rückfragen.

Mir-Hosseini erklärte, dass die Intimität der dreiköpfigen, britisch-iranisch besetzten *all female*-Filmcrew dazu führte, das Vertrauen der Familien und Gerichtsmitarbeiter zu gewinnen. In einer juristisch asymmetrischen Situation ermutigte die Autorität der mit den filmenden Frauen assoziierten Kamera die Frauen zur offenen Aussprache vor Zeugen.

In einem aufschlussreichen Text berichtet Mir-Hosseini unter anderem von den Verhandlungen mit den Zensurbehörden der Islamischen Republik.[11] Wie konnte es ihnen gelingen, nach etwa zwei Jahren eine Drehgenehmigung zu erwirken? Mir-Hosseini führt die Entscheidung zugunsten des Projekts zwar auf die relative kulturelle Offenheit der Regierungszeit Mohammad Khatamis zurück

11 Ziba Mir-Hosseini, *The Making of Divorce Iranian Style*. In: *ISIM Newsletter*, Nr. 2/1, 1999.

(1997–2005). Die argumentative Strategie, die die Filmcrew im Vorfeld erarbeitete, um zu beweisen, dass der Film den Interessen der Islamischen Republik letztlich entgegenkommt, weist jedoch über die kulturpolitischen Konjunkturen einzelner Regierungen hinaus. Longinotto und Mir-Hosseini appellieren an das gemeinsame Interesse, ein positives Bild von den Menschen in Iran zu zeigen, mit dem sich das westliche Publikum identifizieren kann: »If we could show ordinary women, at home and in court, holding their own ground, maintaining the family from within. This would challenge some hostile Western stereotypes.« Eine wichtige strukturelle Grundvoraussetzung für das Gelingen des Filmprojekts besteht zudem darin, dass das Regime seinerseits an die Macht der Bilder – insbesondere an die Macht des Kinofilms – glaubt und selbst kulturpolitisch agiert.

In mehreren Vorträgen kamen die Programme und Strategien jener Akteure innerhalb der Islamischen Republik zur Sprache, die die Künste als »soft power« im Kampf um den Machterhalt einsetzen. Einschlägig in diesem Zusammenhang ist die Forschung der Ethnologin Narges Bajoghli, auf die Azadeh Zamirirad in ihrem Vortrag »Die unvollendete Revolution: Anhaltender Machtkampf um eine politische Neuordnung in Iran« aufmerksam machte. In ihrem Buch *Iran Reframed* (2019) zeigt Bajoghli, wie die Proteste der Grünen Bewegung im Jahr 2009 ein ideologisches Umdenken bei den Angehörigen des Regimes bewirken.[12] Kon-

12 Vgl. Narges Bajoghli, *Iran Reframed. Anxieties of Power in the Islamic Republic.* Stanford University Press 2019.

frontiert mit einer Jugend, die sich an den Märtyrerkult des Iran-Irak-Kriegs emotional ganz offensichtlich nicht gebunden fühlt, verfolgt das Regime nach der Niederschlagung der Proteste das Ziel, den Krieg semantisch neu zu besetzen und an die Gegenwart anzupassen.

Man appelliert nun an nationalistische Gefühle: »By taking this approach, the regime tries to appeal to a larger portion of Iranian society, targeting not only the ardent religious supporters of the regime but also secular citizens possessing nationalist sentiment.«[13] Das Regime inszeniert sich als Hüter iranischen Bodens und Garant politischer Stabilität in einer Region andauernder (Bürger)Kriege. Mit der Gründung der Owj (persisch für: Gipfel) Arts and Media Organization aus Mitteln der Islamischen Revolutionsgarde (IRGC) im Jahr 2011 wird die Förderung von Projekten institutionalisiert, die neue Narrative erproben und sich erstmals auch der Hollywood-Ästhetik bedienen. Dabei gibt das Regime sowohl Filme und Social-Media-Kampagnen in Auftrag, die offen als Owj-Produkte beworben werden, als auch Projekte, die als Untergrundfilme getarnt Narrative des Regimes propagieren – wie etwa im Fall eines angeblichen Dokumentarfilms (*Somayeh*, 2015) über einen Oppositionellen der Volksmudschahedin. Bajoghli schreibt: »In my time in the studio with the filmmaker [Morteza Payeshenas], the main elements he used to make the film feel like an independent film was a voice-over narration from the father's point of view. Payeshenas wrote the narration and voiced it himself.«

Die Vernetzung der bewaffneten Kräfte des Regimes mit Akteuren, die sowohl das Handwerk des Filmemachens beherrschen als auch mit den kulturellen Codes in Europa und Nordamerika vertraut sind, ist ein eigenes Forschungsfeld, das aktuell Aufmerksamkeit auf sich zieht.[14] Wenn man darüber hinaus bedenkt, dass die IRGC die wirtschaftlich mächtigste Kraft innerhalb des Landes ist und über die finanziellen Mittel verfügt, um allein die Hamas jährlich mit geschätzt 360 Millionen US-Dollar zu finanzieren,[15] wird das Ausmaß der Propagandatätigkeit greifbarer. Bajoghlis Buch dokumentiert zugleich den erfolgreichen Widerstand der iranischen Lehrergewerkschaft gegen die Regime-Propaganda, als Owj einen weiteren Dokumentarfilm (*The Wolves*) für die Lehrpläne empfiehlt und DVDs an Schulen verschickt. Die Gewerkschaft weist die Empfehlung zurück. »Not only that, teachers began to refuse to show any of the films that they were sent.«

13 Vgl. im Anschluss an Bajoghli auch Kaveh Abbasian, *The Next Battlefield for Iran's Generals is the Movies*. In: *New Lines Magazine* vom 6. Juli 2021 (newlinesmag.com/essays/iran-takes-its-global-wars-to-the-movies/).

14 Goulia Ghardashkhani/Olmo Gölz/Kevin L. Schwartz (Hrsg.), *Propagandas, cultural production, and negotiating ideology in Iran*. In: *British Journal of Middle Eastern Studies*, Nr. 51/2, 2024.

15 »Trotz der Nöte der eigenen Bevölkerung schickt Iran über eine Milliarde US-Dollar an Stellvertretergruppen. 750 Millionen an die Hisbollah im Libanon, 360 Millionen jährlich an die Hamas, Hunderte Millionen für die Huthis im Jemen, Dutzende Millionen für die schiitischen Milizen in Irak und Syrien.« Natalie Amiri, *Die Hamas ist nicht allein*. In: *SZ* vom 18. Oktober 2023.

Iranisches Kino – was noch?

Lässt man die Themen und Gegenstände der Veranstaltungsreihe Revue passieren, ist die Dominanz des Films unübersehbar. Selbst in Vorträgen, die etwa mit den Bildenden Künsten oder dem Tanz befasst waren, hatte der Film immer wieder einen zumindest kurzen Auftritt. Die Auswahl der Vortragsthemen war damit insofern repräsentativ für die Geschichte der Künste in Iran, als der Film sowohl innerhalb von Iran als auch auf internationaler Bühne einen Sonderstatus hat. Dem entspricht die hohe wissenschaftliche und kuratorische Aufmerksamkeit für das iranische Kino, die die Vernachlässigung der anderen Künste besonders sichtbar macht.

So zeigten Raika Khorshidian und Nima Mina in Vorträgen über die iranische Gegenwartskunst und Protestsongs in der aktuellen Protestbewegung, welch enorme Archivarbeit noch zu leisten ist. Sie führten vor, wie der Blick sich weitet, wenn man das Werk einzelner Künstlerinnen, die auf internationaler Bühne als Ausnahmeerscheinungen gefeiert werden, in (exil)iranische Infrastrukturen und *communities of practice* einbindet. Beispielsweise war der Sänger Shervin Hajipour, dessen Lied *Baraye* viral ging, auch vor den Protesten kein Unbekannter.[16] Khorshidian gab eine Einführung in die Galerieszene von Teheran und besprach das Bild der Künstlerin Sarah Pooyanfard *I determine the horizon* (2020). Als semiprivate Räume wahrgenommen, können sich die Galerien dem Zugriff des Regimes teilweise entziehen und eine eigene Form kunstkritischer Gegenöffentlichkeit kultivieren.

Die wiederholte Niederschlagung emanzipatorischer Proteste in Iran führt nun seit mehreren Jahrzehnten dazu, dass Künstlerinnen das Land verlassen. Wenn heute die iranische Autorin Atefe Asadi in Deutschland auf Persisch weiterschreibt,[17] werden ihre Werke Teil einer seit Generationen gewachsenen, mehrsprachigen literarischen Landschaft, in der das Konzept der Exilliteratur im literaturkritischen Gespräch immer seltener bemüht wird. Maryam Aras zog dementsprechend in ihrem Vortrag die »Tradition des weiblichen Schreibens« heran. Die ästhetische Orientierung iranischer Autoren an europäischer Kunst zurückweisend,[18] rekonstruierte sie eine andere Linie persischer Gegenwartsliteratur, in der sich »weibliches Schreiben« vor allem im Ringen um die Alltagssprache zeigt. Es sind die Prosaautorinnen Shahrnush Parsipur und Fariba Vafi, die sie in den Vordergrund rückte, um damit die enge Assoziation von persischer Literatur und Lyrik aufzubrechen. Es sind Romane wie Parsipurs *Tuba* (1987) und Vafis *Tarlan* (2006), die Neues in der iranischen Literatur begründen.

Wie wird sich der revolutionäre Furor auf die iranische Gegenwartsliteratur auswirken? Denn da »auch die Sprache den

16 Die BBC Persian-Sendung *Tamam-e man* aus dem Jahr 2023 verwendet einen Dokumentarfilm über Hajipour aus dem Jahr 2021, der allerdings in Iran nicht gezeigt wurde (www.youtube.com/watch?v=-gaZOgS26w0).

17 Atefe Asadi bei *Weiter Schreiben* (www.weiterschreiben.jetzt/kuenstlerinnen/autorinnen/atefe-asadi/).

18 *Maryam Aras an SAID*. In: Selma Wels (Hrsg.), *anders bleiben. Briefe der Hoffnung in verhärteten Zeiten*. Hamburg: Rowohlt 2023.

Hijab trägt«, wie Fariba Vafi in einem Interview erklärt,[19] leben die Romane und Erzählungen von zensurbedingten Auslassungen und gesellschaftlich erzwungenem Schweigen. Die Texte verändern sich, wenn der Pakt zwischen der in Andeutungen sprechenden Autorin und Leserinnen, die die Anspielungen zu dechiffrieren verstehen, sich überlebt hat.

19 *Auch die Sprache trägt den Hidschab.* In: *Zeit* vom 2. November 2022.

Michel Foucault und/oder die Aufklärung?

Von Matthias Rothe

Es geht wieder einmal um Foucault. Die zeitverzögerte Veröffentlichung seiner Schriften, vor allem Rechtsfragen geschuldet,[1] stellt im Lager seiner Anhänger immer wieder zur Verhandlung, wer dieser Foucault denn nun eigentlich war. Die umfangreiche Sammlung von Texten und Interviews aus allen Lebensdekaden, *Dits et Ecrits*, erscheint 1994, dann werden von 1997 bis 2015 seine Vorlesungen aus den siebziger Jahren nachgereicht, 2008 wird Foucaults Dissertation von 1961 zur Anthropologie Kants veröffentlicht, 2018 erscheint *Les aveux de la chair (Die Geständnisses des Fleisches)*, der 1984 geschriebene vierte Band der Geschichte der Sexualität, und 2023 wird ein bereits 1966 ausgearbeitetes Buch *Der Diskurs der Philosophie* verlegt.[2]

Was Foucault auch im Gespräch hält, ist der sich beständig erneuernde Widerstand gegen seine Ideen, und zwar von links bis ganz rechts; jeder neu zugängliche Text liefert den Gegnern nur neue Beweise seiner Gefährlichkeit (auf Differenzierung wird dabei in aller Regel verzichtet). Schon Habermas hatte 1980 Foucault zum konservativen Antimodernisten erklärt, der sich von den Werten der Aufklärung verabschiedet habe, ein hemmungsloser Dezentrierer. Und jüngst, im Jahr 2023, mit dem Aufstieg rechter Populisten und einer Linken, die vermeintlich den Klassenkampf oder zumindest echte soziale Belange einem Kulturkampf opfert, wiederholt unter anderem Susan Neiman den Vorwurf und sieht in Foucault die wichtigste Quelle für die Attraktivität eines unter »woke« und »Identitätspolitik« firmierenden spalterischen Kulturkampfs.

Seine Ideen, so die Unterstellung, seien zur materiellen Gewalt geworden, weil sie, vermittelt über die Universitäten, die

1 Foucault hatte vor seinem Tod darum gebeten, keinen postumen Veröffentlichungen zuzustimmen. Die Erben haben sich bis 2018 daran gehalten, die Vorlesungen konnten erscheinen, weil sie, am Collège de France abgehalten, bereits als veröffentlicht galten.

2 Christoph Paret, *Das philosophische Unbewusste. Der neue Foucault*. In: *Merkur*, Nr. 901, Juni 2024.

Massen ergriffen hätten – nicht nur hier überschneiden sich der linke und rechte Diskurs. Foucault, so Neiman, dekonstruiere die Idee des Fortschritts, den Universalismus und den Wert der Gerechtigkeit. »Small wonder many have concluded that the man was simply a nihilist.«[3] Sie verweist wiederholt auf Foucaults Vorlesungen zum Neoliberalismus – »nowhere is his refusal to take a normative stance more infuriating«. Seit langem steht daher die Verdächtigung im Raum, Foucault selbst sei ein verkappter Neoliberaler (auch zu seiner Homosexualität wollte er sich schließlich lange nicht bekennen).

Dass Foucault das Funktionieren von Institutionen, Machtdynamiken und Rationalitäten beschreibt, ohne Verbesserungsvorschläge einzureichen oder Utopien zu formulieren, hat immer schon viele an ihm irritiert. Die nüchterne, teils akademisch faszinierte Analyse einer neu aufkommenden Kosten-Nutzen-Rationalität, die scheinbar nicht mehr der fordistischen Normierungsgewalt bedarf (Neoliberalismus wurde erst in den 1990er Jahren zum Schlagwort), macht Foucault zum Neoliberalen, so wie seine Beschreibungen vormoderner Strafjustiz ihn zuvor vermeintlich als Verteidiger öffentlicher Folter entlarvt hatten.

Neiman ärgert das Fehlen von Gegenentwürfen ebenso bei Horkheimer und Adorno, die sie oft zum Vergleich heranzieht: »I recently talked to a scholar of their famous *Dialectic of Enlightenment*, who argued that their whole project was to deconstruct the foundations of the Enlightenment in order to construct a new enlightenment on better foundations. And then I said: can you show me where? The answer was: ›Well, they never wrote the second part!‹ (*laughs*).«[4]

Der Vergleich ist gut gewählt; er hilft zu verstehen, was solche Kritik sich stumpfstur weigert zu sehen, denn der Witz liegt nicht etwa darin, dass die *Dialektik der Aufklärung* nicht in der Lage war, neue Aufklärungs-Richtlinien zu verabschieden, sondern darin, dies überhaupt von ihr erwartet zu haben. Damit wäre das Projekt bereits verkannt (ich vermute, Neiman hat hier sarkastisch gelacht und nicht über sich selbst). »Seit je hat Aufklärung im umfassendsten Sinn fortschreitenden Denkens das Ziel verfolgt, von den Menschen die Furcht zu nehmen und sie als Herren einzusetzen. Aber die vollends aufgeklärte Welt strahlt im Zeichen triumphalen Unheils«, so die berühmten ersten Sätze der *Dialektik der Aufklärung*. Das Wissen der Aufklärung, so heißt es wenige Zeilen danach, »zielt nicht auf Begriffe und Bilder, nicht auf das Glück der Einsicht, sondern auf Methode, Ausnutzung der Arbeit anderer, Kapital«. – »Die ›Aufklärung‹, welche die Freiheiten entdeckt

3 Susan Neiman, *Left Is Not Woke*. Cambridge: Polity Press 2023 (*Links ist nicht woke*. Aus dem Englischen von Christiana Goldmann. Hanser Berlin 2023).

4 »Ich hatte vor kurzem ein Gespräch mit einem Gelehrten über die berühmte *Dialektik der Aufklärung*. Er war der Ansicht, das gesamte Projekt habe darauf gezielt, die Grundlagen der Aufklärung zu dekonstruieren, um anschließend auf besserem Fundament eine neue Aufklärung schaffen zu können. Ich fragte ihn, wo das denn geschehen sei. Seine Antwort: ›Na ja, sie haben den zweiten Teil nie geschrieben!‹ (Sie lacht).« Maarten Boudry, *Left is Not Woke: An Interview with Susan Neiman*. In: Quillette vom 28. Mai 2023 (quillette.com/2023/05/28/an-interview-with-susan-neiman/)

hat«, so Foucaults ebenso berühmte Formulierung, »hat auch die Disziplinen erfunden«,[5] und er ergänzt ähnlich, »es handelt sich um Machtmechanismen, die [...] durch Wertschöpfung wirken, indem sie sich in die Produktivität der Apparate, in die Steigerung dieser Produktivität [...] vollständig integrieren.«

Woran sich Adorno, Horkheimer und Foucault also abarbeiten, ist die schwer zu leugnende Gleichzeitigkeit der Durchsetzung jener großen Werte: Freiheit, Gerechtigkeit, Universalismus usw. mit neuen Formen von Ungleichheit, Ausbeutung und Herrschaft; dazu gehört zweifelsohne das Fortbestehen des Kolonialismus unter neuen Vorzeichen (zum Beispiel einem effizienteren Zwangsarbeitsregime), aber für Adorno war der unhintergehbare Bezugspunkt die Schoa – *die Dialektik der Aufklärung* wurde 1944 geschrieben.

Für Foucault, daran interessiert, wie sich die gesellschaftlich je nützlichen Normen im Selbstverständnis der Einzelnen verankern (das gilt übrigens auch für die Neoliberalen), war der Auslöser wohl vollkommen anders gelagert. Sicher spielte eine Rolle, dass er im autoritären Frankreich De Gaulles eine existentielle Nichtzugehörigkeit erfuhr. Die Gesetzgebung des Vichy-Regimes zur Homosexualität wurde in der Vierten und Fünften Republik nicht nur übernommen, sondern verschärft.[6]

Diese so unterschiedlichen Ausgangspunkte bestimmen den Ton und die Aussichten ihrer Analysen: Der eher nach innen orientierten negativen Dialektik steht die Dialektik ohne Synthese gegenüber,[7] die auf Bruch und Ausbruch zielt. Nichts kann mehr ungeschehen gemacht werden, nun geht es darum, den Terror der Kontinuität (Brecht) immanent zu untergraben. Für Foucault hingegen kann noch viel passieren, und er wird zum Zeitgenossen dieser Veränderungen. Wonach dennoch beide fragen, ist die komplexe Kausalität eines Zusammenhangs zwischen dem universalen Freiheits- und Fortschrittsversprechen und der Erneuerung von Herrschaft.

Kurz innegehalten: Können wir es uns wirklich leisten, hinter diese Frage oder die Einsichten, die sie immer wieder ermöglicht, zurückzufallen? Ist es etwa richtig, im Fall von rechtspopulistischen Angriffen auf die Objektivität der Wissenschaft auf Foucault als Wegbereiter dafür zu verweisen und gleichzeitig die Reihen fest zu schließen, Fortschritt zu rufen und den Objektivitätsanspruch um jeden Preis zu verteidigen? Ginge es nicht eher darum, die Möglichkeit auch einer fundamentalen Kritik von »aufgeklärter« Wissenschaft zu retten, einer Kritik, die den Zeitkern ihrer Wahrheit (Adorno) oder ihr spezifisches Wahrheitsregime (Foucault) mitdenken kann?

Kulturkampf vs. Klassenkampf?

Es war nicht zuletzt der Totalausfall des revolutionären Subjekts, des traditionellen Utopieträgers, der Foucault und Ador-

5 Michel Foucault, *Überwachen und Strafen. Die Geburt des Gefängnisses.* Aus dem Französischen von Walter Seitter. Frankfurt: Suhrkamp 1977.

6 Bis zu drei Jahren Gefängnis drohten, auch der Beamtenstatus sollte ausgeschlossen bleiben. 1960 wird Homosexualität als »gesellschaftliche Plage« mit Alkoholismus und Drogenabhängigkeit gleichgesetzt. Das ändert sich erst 1980.

7 Diese Charakterisierung verdanke ich meinem Lehrer Heinz-Jürgen Staszak.

no dazu bewogen hat, die Fragestellung zu ändern und abzurücken von der Vorstellung, dass sich Machtverhältnisse auf Klassenverhältnisse reduzieren lassen und sich vermittlungslos ins Klassenbewusstsein übersetzen. »Sollte ich das Geheimnis der gegenwärtigen Gesellschaft [...] aussprechen«, schreibt Adorno 1943 in sein Notizbuch, »würde ich sagen: dass heute die Apparatur zur Reproduktion des Lebens unmittelbar mit der zu dessen Beherrschung zusammenfällt.«[8]

Darauf deuteten schon die in den frühen 1930er Jahren am Institut für Sozialforschung begonnenen empirischen Forschungen zum autoritären Charakter; das Proletariat zeigte sich durch seine soziale Stellung keineswegs vom »gesellschaftlichen Verblendungszusammenhang« ausgenommen; Antisemitismus, rassistisches Ressentiment und Homophobie waren Beispiele dafür, die Adorno und Foucault nur allzu vertraut waren. So weigerten sie sich, in jenes zyklische naive Erstaunen darüber einzustimmen, dass das richtige Bewusstsein nicht dort entstand, wo es doch zu entstehen hatte, sie weigerten sich, einmal mehr danach zu fragen, welche besonderen Umstände dies je verhindert hatten (von Lukács bis Gramsci hat solche Naivität durchaus komplexe Theorien hervorgebracht).

Sie gaben stattdessen die Voraussetzung auf, dass dieses Bewusstsein überhaupt hätte entstehen müssen, und fragten ohne Aufschub danach, wie sich die Mechanismen beschreiben lassen, die die Einzelnen so vollständig in die gesellschaftlichen Abläufe integrieren. Louis Althusser, inspiriert durch Marx' Analyse der »Subjektivierungseffekte« von Arbeit im *Kapital*, forderte seinen Schüler Foucault auf, nicht mehr nur dem Mehrwert nachzuspüren, sondern die Fabrikarbeit als einen Ort sozialer Reproduktion zu verstehen, sie, ebenso wie andere Errungenschaften der Aufklärung, auch als »Apparatur« zu begreifen, die gehorsame beziehungsweise lustvoll beteiligte Subjekte erzeugten. Die von Foucault verkündete Notwendigkeit einer »Entsubjektivierung« führt dann zwar nicht mehr zum Klassenkampf, sie wird nicht direkt angetrieben vom antagonistischen Widerspruch zwischen Arbeit und Kapital – dessen Unlösbarkeit scheint ohnehin eher die Innovationsbedingung der Gesellschaft –, aber sie zielt strategisch auf die Erklärung der Entstehung und Verinnerlichung jener Normen ab, die alles am Laufen halten (das Strategische zeigt sich schon an der Auswahl der Orte: Familien, Schulen, Krankenhäuser, Kliniken, Gefängnisse).

Hat Foucault also die Aufmerksamkeit von der Klassenanalyse und den politisch-ökonomischen Grundlagen sozialer Ungleichheit auf Kulturkämpfe verschoben? Seit wann lassen sich Fragen der Kultur von den Ersteren trennen? Foucault und Adorno ebenso wie Althusser und Gramcsi haben auf je verschiedene Weise die auch kulturellen Formationsbedingungen des Bewusstseins beziehungsweise von sozialer Identität untersucht. Für Foucault und Adorno hieß dies, die Machtanalyse von der ökonomischen zu trennen, aber nicht, um die ökonomische damit ein für alle Mal zu erledigen, sondern um die im klassischen Marxismus so schmerzhaft vernachlässigte soziale

8 Theodor W. Adorno, *Graeculus (II). Notizen zu Philosophie und Gesellschaft 1943–1969*. In: *Frankfurter Adorno Blätter*, Nr. VIII, 2003.

Reproduktion in den Blick zu bekommen. Und vor allem Foucault fragt in genau diesem Zusammenhang auch nach den Reproduktionsbedingungen geschlechtlicher Identität, denn »der Sex [wird] am Kreuzungspunkt von ›Körper‹ und ›Bevölkerung‹ zur zentralen Zielscheibe der Macht«.[9] Geht es doch um die »Abstimmung der Menschenakkumulation mit der Kapitalakkumulation«. In anderen Worten, die heterosexuelle Familie ist keine bloße Kulturfrage.

Foucault rechnet mit den Marxisten seiner Zeit und mit der KP Frankreichs ab, nicht mit Marx. Dass er auch nach den Bedingungen der Möglichkeit der diskursbegründenden Kraft der Marx'schen Theorie fragt (»sie ruht im Denken des 19. Jahrhunderts bekanntlich wie ein Fisch im Wasser«), ist kein Einwand dagegen. Es ist kein anderer als Marx, den Foucault noch in den späten 1970er Jahren – im Althusser'schen Geist – als Modell für seine Machtanalysen ins Feld führt. Marx' Vergleiche der Machtausübung in Fabrik und Armee, seine Trennung der sogenannten juristischen Überbaumacht von den Logiken ihrer lokalen Ausübung, so erklärt er, implizierten bereits, dass die staatliche Herrschaft allenfalls abgeleitet sei. Diesen Weg sei er weitergegangen.[10]

Es ist also durchaus möglich, ein Foucault'scher Marxist zu sein. Ich würde sogar so weit gehen, zu sagen, dass wir es sein müssen, wenn wir einerseits die ökonomische Formation, die den Namen »Kapitalismus« führt, im Blick behalten und andererseits verstehen wollen, warum so viele Menschen gegen das vorgehen, was doch ihre ureigensten Interessen sein sollten, an welche Grenzen das Wissen und die Aufklärung stoßen und warum nicht einmal Einsichten genügen. Die Foucault'sche Theorie liefert vielleicht keine Vorschläge für die Umverteilung von Gütern, aber sie kann erklären helfen, wie durch die Prozeduren der Registrierung, die amtlichen und nichtamtlichen Diskurse, die Auflagen, Kontrollen und Rechenschaftspflichten, die von sozialer Ungleichheit Betroffenen dazu gebracht werden, sich selbst die Schuld an der Armut zu geben. Wäre das schon eine vom Neoliberalismus inspirierte Kritik des Sozialstaats?[11] Müssen wir auch hier die Reihen fest schließen, weil dieser besser ist als gar keiner?

9 Michel Foucault, *Der Wille zum Wissen*. Aus dem Französischen von Ulrich Raulff u. Walter Seitter. Frankfurt: Suhrkamp 1983.

10 Michel Foucault, *Les mailles du pouvoir*. In: Ders., *Dits et ecrits IV* [1981]. Paris: Gallimard 2001.

11 Dass Foucault 1983 in einem Interview von den »perversen« Nebeneffekten der Sozialhilfeinstitutionen gesprochen hat, wird gern dafür als Beispiel herangeführt. Vgl. David Zamora / Michael C. Behrent (Hrsg.), *Foucault and Neoliberalism*. Cambridge: Polity Press 2015. Der Versuch, Foucault zu einem Anhänger des Neoliberalismus zu machen, unterschlägt, dass der Begriff der Gouvernementalität scheinbare Sachzwänge auf politische Rationalitäten zurückführt und mit Blick auf die Möglichkeit widerständiger Ethiken des Selbst entworfen wurde, für die Foucault gleichzeitig Ressourcen in der Antike suchte. »Man muss den Verdacht haben, eine solche Ethik zu begründen sei heute unmöglich, während es vielleicht gleichzeitig eine dringende, fundamentale Aufgabe und politisch unverzichtbar ist.« Michel Foucault, *L'Herméneutique du sujet*. Paris: Seuil 2001 (Übersetzung MR).

Der Optimismus der Aufklärung

»*Die* ›Aufklärung‹, welche die Freiheiten entdeckt hat« – eine solche Betonung (von mir hinzugefügt) und die entsprechende Einhegung des Begriffs in Anführungszeichen kündigten bereits eine andere Vorstellung von Aufklärung an. Darauf deutet auch, dass sich bei Foucault (und Adorno) nicht nur die Auseinandersetzung mit Marx, sondern auch die mit dem Generalaufklärer Immanuel Kant durchs gesamte Werk zieht: Foucault übersetzt 1961 dessen *Anthropologie in pragmatischer Hinsicht* und schreibt eine umfangreiche Einführung dazu; *Die Ordnung der Dinge* oder besser *Die Worte und die Dinge* (1966) – ich komme auf den Titel zurück – wären ohne Kant kaum möglich; *Der Diskurs der Philosophie* räumt Kant eine ausgezeichnete Stelle ein, und mehr noch, in seinem letzten Lebensjahr stellt Foucault sein philosophisches Projekt explizit in die Tradition der Kant'schen Aufklärung.[12] Jeder Vorwurf, Foucault würde die Aufklärung verabschieden, müsste sich zumindest mit diesem Motiv oder dieser Denklinie beschäftigen. Was also macht Foucault mit Kant? Meine Antwort fällt etwas technisch aus, und vielleicht kann wiederum der Vergleich mit Adorno erhellen, worum es bei der Neuausrichtung des Kant'schen Instrumentariums ging.

Adorno und Horkheimer setzen nämlich wie Foucault bei dem an, was Kant (in der *Kritik der reinen Vernunft*) »die verborgene Kunst in den Tiefen der menschlichen Seele« nennt, beim Schematismus, der es möglich macht, dass Anschauungen und Begriffe, vollkommen inkommensurable Elemente, zusammenfinden und die Welt für uns entsteht (bekanntlich sind Begriffe ohne Anschauungen leer und Anschauungen ohne Begriffe blind). Was sie überhaupt zusammenführt und wovon Kant nicht spricht, ist für Adorno und Horkheimer die Notwendigkeit der Selbsterhaltung, also die notwendigen Beziehungen zu den Dingen der Welt.

Sie unterscheiden davon ausgehend unterschiedliche Epochen des Umgangs mit ihnen: In einer mimetischen Epoche sind Anschauungen und Begriffe gegenüber dem Objekt, das es zu erfassen gilt, kaum ausdifferenziert, schrittweise geschieht die Ausdifferenzierung in der mythischen und metaphysischen Epoche. Die Aufklärung zeichnet sich dadurch aus, dass das Objekt seinen unaufhebbaren Vorrang (dafür steht Kants Ding an sich) vor der Erkenntnis zu verlieren droht, restlos erfasst und vermessen werden soll, ein Vorhaben, das, ob seiner Unmöglichkeit, umso vehementer durchgeführt wird. Hier sehen Horkheimer und Adorno so etwas wie die Quelle der identifizierenden Gewalt der Aufklärung, die sich in der Gewalt gegen Menschen fortsetzt. »Ohne Angst verschieden sein können«, so formuliert Adorno dagegen einen utopischen Impuls,[13] den Foucault ohne Vorbehalte akzeptiert hätte.

12 Michel Foucault, *Qu'est-ce que les Lumières?* In: Ders., *Dits et ecrits II* [1984]. Paris: Gallimard 2001 (*Was ist Aufklärung?* In: Eva Erdmann u.a. (Hrsg.), *Ethos der Moderne. Foucaults Kritik der Aufklärung.* Frankfurt: Campus 1990).

13 Theodor W. Adorno, *Minima Moralia. Reflexionen aus dem beschädigten Leben.* Berlin: Suhrkamp 2012.

Auch Foucault nimmt sich des Kantschen Schematismus an, allerdings nicht im Sinne seiner kontinuierlichen Ausdifferenzierung. Das die Anschauungen und Begriffe vermittelnde Schema bleibt bei ihm nicht das gleiche, die Vermittlung folgt vielmehr den Gesetzen der Ähnlichkeit (Anschauungen und Begriffe sind wie in der *Dialektik der Aufklärung* kaum getrennt und werden zu Nachahmungen der Dinge), sie folgt der inneren Logik der Repräsentationen, und schließlich fungiert das, was der Mensch vermeintlich ist und kann, als konstituierendes Moment für das Verhältnis der Worte (Begriffe, Anschauungen) und Dinge, daher *Les mots et les choses.*[14] Die Humanwissenschaft, auf deren identifizierende, sich in Praktiken und Institutionen fortsetzende Gewalt es Foucault ankommt, kann sich in diesem »was der Mensch ist und kann« einnisten und darf es fixieren. Das Fatale daran: Dies ist ein schwer stillzustellender Prozess, bleibt die Humanwissenschaft doch an die historische Beschränktheit ihrer Position gebunden.

Kant wird also weder von Adorno noch von Foucault aufgegeben, ganz im Gegenteil, sie bemühen sich mit Verve und Spitzfindigkeit darum, dessen aufgeklärtes Projekt zu retten, indem sie es verzeitlichen, aus dem definitiven *a priori* ein historisches und damit aus einer epistemologischen Grübelei ein politikfähiges Unterfangen machen. Diese Verzeitlichung erlaubt es überhaupt erst, nach der Möglichkeit eines Anderen zu fragen; für Adorno heißt dies, die identifizierende Gewalt der Begriffe an ihren Gegenständen scheitern zu lassen, deren grundsätzliche Unerfassbarkeit als ein Nichtidentisches zur Geltung zu bringen. Was auf dem Spiel steht, sind eher Entschleunigung, Verzögerung oder Verweigerung.

Dem Nichtidentischen im Inneren jedes Denkens und jeder Praxis entspricht das Foucault'sche Bestehen auf der unausdenkbaren Möglichkeit eines Andersseins. Einem im besten Fall noch einmal glücklich Entgangenen steht also ein *noch nicht* Erfasstes gegenüber. Die Episteme, das Dispositiv, die Gouvernementalität usw. sind methologische Instrumente, die, vereinfacht gesagt, historische Aprioris zu bestimmen suchen. Sie werden angesetzt, um die kontingenten Bedingungen der Möglichkeit, für Foucault: Bedingungen der Existenz, von Wissens- und Verhaltensweisen zu ermitteln, damit darauf bestanden werden kann, dass es anders, dass es besser sein kann.

Optimistisch, aber keineswegs blind, eben aus einer anderen gesellschaftlichen Erfahrung heraus und weit entfernt vom Nihilismus, den Neiman unterstellt, behauptet Foucault den lokalen Neuanfang in Freiheit. »Wenn das Kant'sche Problem darin bestand, zu wissen, welche Grenzen das Wissen nicht überschreiten darf, so scheint mir, muss diese kritische Frage zurück ins Positive gewendet werden: Bei dem, was uns als universal, notwendig, zwangsläufig präsentiert wird – welcher Platz kommt dem Singulären, Willkürlichen, Zufälligen zu? Der Punkt, um den es geht, ist die Kritik, die auf notwendige Beschränkungen führt, zu einer praktischen Kritik zu machen, die mögliche Überschreitungen identifiziert«, und er spezifiziert dieses Anliegen als »eine

14 Michel Foucault, *Die Ordnung der Dinge. Eine Archäologie der Humanwissenschaften.* Aus dem Französischen von Ulrich Köppen. Frankfurt: Suhrkamp 1990.

historische Untersuchung der Ereignisse, die dazu geführt haben, uns als diese Subjekte zu formieren und zu erkennen«.[15]

Der Verzicht auf die schlagartig große revolutionäre Veränderung, den Foucault wiederum mit Adorno teilt, bedeutet nicht, dass deren Notwendigkeit nicht anerkannt wird, es ist Bescheidenheit angesichts ihrer Unmöglichkeit und das Wissen um die Folgen, wenn man es dennoch versucht. Foucault geht gewissermaßen den Weg durch die Instanzen. Denn noch einmal, die Orte der Entsubjektivierung sind wohlbestimmt, es sind die Herzstellen jener Rationalitäten, die uns als produktive Individuen funktionieren lassen, sie setzen Hypothesen zur Totalität der Gesellschaft voraus. Und Foucault wiederholt dabei eines der Leitmotive der *Dialektik der Aufklärung*, wenn er, keineswegs fortschrittsfeindlich, danach fragt, wie sich der Gewinn an Fähigkeiten von der Intensivierung der Machtausübung abkoppeln lässt.

Nach Foucault

Bei den von Neiman und anderen[16] formulierten Vorwürfen drängen sich mir zwei Fragen auf, die aber wenig miteinander zu tun haben. Abgesehen von dem durchaus fragwürdigen Bedürfnis, einer Theorie die Schuld an den Verhältnissen zu geben (und jene damit implizit in Schutz zu nehmen), lautet die erste: Wie kommt man von der Philosophie Foucaults, so sehr dem Widerstand gegen den zu seiner Zeit noch autoritären Geist der Demokratie geschuldet, zum vorgeblichen Tribalismus der LGBTQ+-Bewegung?

Identitäten waren für Foucault Fallen der Macht, die Rede vom Gebrauch der Lüste zog er dem Bekenntnis zur Homosexualität vor. Wer hier so etwas wie einen direkten Einfluss über die Zeit unterstellt, setzt sich über die schier unendliche Zahl von Vermittlungen hinweg, die die Einheit jeder Theorie auflösen muss und deren Elemente nach den Bedürfnissen anderer gesellschaftlicher Situationen neuen Verwendungen zuführt. So ist es Kant mit Adorno und Foucault ergangen, und das, obwohl beide sich durchaus bemüht haben, die Einheit seines Systems zu respektieren. An meiner (amerikanischen) Universität wird Foucault kaum noch unterrichtet, er ist allenfalls in den Fußnoten anderer Theorien präsent. Das heißt nicht, dass die Kritisierbarkeit von Identitäten, für die der Poststrukturalismus allenfalls Symptom und nicht die Ursache war, nichts mit unserer Gegenwart zu tun hätte. Wenn Identitäten, um ein Schlagwort zu verwenden, sich als sozial konstruiert erweisen, können sie sich auch vervielfältigen und gesucht werden.

Meine zweite Frage, die vielleicht gar nicht mehr hierher gehört, ist die: Was ist nun eigentlich das Problem mit einer gesteigerten Wachsamkeit gegenüber Diskriminierungen, gemeinhin als »woke«

15 Michel Foucault, *Qu'est-ce que les Lumières?* In: Ders., *Dits et ecrits II* [1984]. Paris: Gallimard 2001 (Übersetzung MR).

16 Zum Beispiel Yascha Mounk, *Das Zeitalter der Identität. Aufstieg einer gefährlichen Idee* (Stuttgart: Klett-Cotta 2024) oder die regelmäßig erfolgenden Kommentare und Seitenhiebe der *NZZ*. Jüngst Guido Kalberer, *Ordnung ins Denken bringen: Michel Foucault teilt die Philosophie in Schubladen ein – fast zwanghaft und wenig überzeugend.* In: *NZZ* vom 24. Juni 2024 (www.nzz.ch/feuilleton/ordnung-ins-denken-bringen-michel-foucault-schubladisiert-die-philosophie-ld.1836152).

bezeichnet, oder mit der LGBTQ+-Bewegung, gemeinhin »Identitätspolitik« genannt? Woher die Wut und das Bedürfnis, die zweifelsohne existierenden Fälle von moralischem Überschwang zur Regel zu skandalisieren? Da ist sicher viel Nostalgie im Spiel, die klassenbewusste Linke, die sich so viele wünschen und mit der sie vermeintlich aufgewachsen sind, existiert nicht mehr, ebenso wenig wie ein als homogen weiß erfahrbarer Alltag.

Es geht manchmal auch schlicht um den eigenen Status: »Muss man sich jetzt schämen, ein heterosexueller Mann zu sein?« Oder: »Es wird überall nur noch vom Schwulsein geredet« usw. Der Eindruck täuscht, weil bis dahin über nichts anderes als Heterosexualität geredet wurde und weil sich die einst infamen Subjekte nun nicht mehr schämen. Schließlich besteht die Gefahr, dass unerledigte emanzipatorische Anliegen, zum Beispiel die des Feminismus, als anachronistisch abgetan werden, weil es doch jetzt um queere Identitäten geht und Frausein tatsächlich nicht mehr so »in« ist.

Und (dies ist keine abgeschlossene Liste), wie könnte es anders sein, es ereilt die queeren Aktivistinnen und Aktivisten, das manchmal prekäre Verhältnis zum Feminismus mag das bezeugen, das Schicksal der revolutionären Arbeiterklasse. Die Bewegung entpolitisiert sich, der Bezug zur Struktur, zur politischen Ökonomie geht verloren; Identitäten und ihre Erkennungszeichen werden Gegenstände marktwirtschaftlicher Investition. Es gibt durchaus ein Moment der Wahrheit in dem Ressentiment, das dann einsetzt, weil man sich *nur noch* moralisch belehrt fühlt. Aber um genau dieser normierenden und integrierenden Macht des Kapitalismus etwas entgegenzusetzen, sie überhaupt in den Blick zu bekommen, haben Adorno und Foucault uns nützliche Instrumente hinterlassen.

Der deutsche Nachkrieg und die abgesagte Friedenskonferenz

Von Felix Ackermann

Sowohl die Deutsche Demokratische Republik als auch die Bundesrepublik Deutschland waren postnationalsozialistische Staatsgründungen. Beide lassen sich als Reaktionen auf das über zwölf Jahre andauernde Wirken des Nationalsozialismus als Herrschaftspraxis und Gewaltregime deuten. Und beide waren Versuche, die im Viermächte-Status festgeschriebene alliierte Besatzung des Deutschen Reichs durch eine eingeschränkte Form staatlicher Souveränität zu ersetzen. Der langfristige Effekt der konkurrierenden Gründungen ist verblüffend. Die meisten Deutschen verstehen den Nachkrieg bis heute nicht als Besatzungsgeschichte, obwohl der Alliierte Kontrollrat noch bis zur Unterzeichnung der Zwei-plus-vier-Verträge im September 1990 existierte und formell die Kontrolle über beide 1949 entstandenen deutschen Staaten ausübte. Das Bewusstsein für die eingeschränkte Form von Souveränität, die prägend für beide postnationalsozialistischen Staatsgründungen war, scheint in Ost und West gleichermaßen gering ausgeprägt zu sein.

Die konsequente Verwendung des Begriffs »Alliierte« anstelle von »Siegermächte« oder »Besatzer« für die französischen, britischen und US-amerikanischen Truppen lässt sich im Rückblick als Praxis deuten, die es der deutschen Gesellschaft im Westen ermöglichte, den nicht endgültigen Status deutscher Staatlichkeit auszublenden. Während es aus heutiger Sicht wenig überrascht, dass sich die Bundesrepublik ab den 1960er Jahren kulturell zunehmend an Großbritannien und den Vereinigten Staaten orientierte, übersieht man leicht, dass Teile der Alltagskultur in der DDR entsprechend auf die Sowjetunion ausgerichtet waren. In der DDR gab es ab 1949 nicht nur von Moskau kontrollierte staatliche Strukturen, die mit Gewalt abgesicherte Vorherrschaft der Sozialistischen Einheitspartei Deutschlands (SED) und sozialistische Alltagsrituale wie die Durchführung militärischer Fahnenappelle in Schulen oder von Militärparaden zu wichtigen Jahrestagen. Anders etwa als in Polen oder Litauen, die sich stärker und früher als von Moskau besetzte Staaten verstanden hatten, lässt sich eine Verbreitung russischer Namen wie Nadja und Kolja beobachten – interessanterweise nicht in der Ausgangsversion Nadeschda und Nikolaj, sondern häufig in der Verniedlichungsform. Anders als in weiten Teilen des östlichen Mitteleuropa zeugen die Straßennamen einst in der DDR gelegener Städte von einer nachhaltigen alltagskulturellen Identifikation mit dem ideologischen Programm: Karl Marx, Karl Liebknecht oder Rosa Luxemburg, aber auch Juri Gagarin, Alexander Puschkin und Georgi Schukow sind in mehreren Städten bis heute präsent.

Ein großer Teil der deutschen Gesellschaft hat die eingeschränkte Souveränität ihres postnationalsozialistischen Staats nicht als Besatzung verstanden. Der physische Zusammenbruch des Deutschen Reichs in den Endkämpfen des Zweiten Weltkriegs war im Frühjahr 1945 mit Händen zu greifen. Die vielfach zerstörten Innenstädte, Bahnhöfe und Industriebetriebe, gesprengte Brücken und Denkmäler haben zusammen mit den Selbstmorden Adolf Hitlers und seiner engsten Vertrauten ein reales Ende erlebbar und verstehbar gemacht. Dass die Nationalsozialisten mit Unterstützung der von ihnen geschaffenen Volksgemeinschaft nicht nur ganz Europa besetzt hatten, sondern als Folge eines von Millionen deutscher Männer geführten Vernichtungskriegs auch die Zerstörung Deutschlands mitverantworteten, ist allerdings bis heute kein Glaubenssatz der deutschen Gesellschaft geworden.

Die meisten Deutschen sahen sich nach 1945 zugleich als Opfer der nationalsozialistischen Diktatur und der Zerstörungen im Zuge der alliierten Angriffe. Weitgehend ausgeblendet blieb damit bis zur Rede von Bundespräsident Richard von Weizsäcker am 8. Mai 1985, dass erst die Panzer und Soldaten der alliierten Streitkräfte den Nationalsozialismus beendeten, da die deutsche Gesellschaft in ihrer Mehrheit weder gewillt noch im Stande war, sich selbst zu befreien. Das schien auch deshalb nicht möglich gewesen zu sein, weil der Nationalsozialismus und die deutsche Gesellschaft anders als in der bis heute wirkmächtigen Sprachregelung, die an die Nationalsozialisten und ihre Unterstützer als »die Nazis« als eine scheinbar von der deutschen Gesellschaft losgelöste Sekte erinnert, nicht als zwei voneinander getrennte Gruppen existiert hatten.

Der Begriff »postnationalsozialistische Gesellschaft« geht davon aus, dass es im Frühjahr 1945 zunächst eine weitgehende Kongruenz zwischen der ab 1933 mit symbolischer und physischer Gewalt geschaffenen nationalsozialistischen Volksgemeinschaft und der deutschen Gesellschaft gab. »Die Nazis« semiotisch von dieser Gemeinschaft abzutrennen und ihr die Verantwortung für die im Namen des deutschen Volkes und des Deutschen Reichs begangenen Verbrechen zu übertragen, ist eine wichtige kulturelle Praxis, die bis heute dazu beiträgt, eine postnationalsozialistische Gesellschaft herzustellen. Deren Gegenwart ist vom andauernden Ringen um die Überwindung der nationalsozialistischen Vergangenheit geprägt.

Der Umkehrschluss, alle Deutschen nachträglich zu Nationalsozialisten zu erklären, wäre ebenso kontrafaktisch – auch weil die Verfolgungen ab 1933 zum symbolischen und physischen Ausschluss von politischen Gegnern des Nationalsozialismus, von deutschen Juden, Sintize und Romnja sowie anderen Gruppen geführt hatten. Diejenigen Verfolgten, die den Nationalsozialismus in Lagern, im Versteck oder im Exil überlebt hatten, konnten ab 1945 zurückkehren. Auch alle anderen Einwohner des Deutschen Reichs waren unmittelbar vom Nationalsozialismus betroffen. Die große Mehrheit hatte als Mitwirkende, Zeugen, oder Nutznießer in unterschiedlichem Maße aktiven Anteil an dessen Entstehung, Gestaltung, Entfaltung und Abwicklung.

Eine weitere semiotische Praxis zur Herstellung einer postnationalsozialistischen Gesellschaft bestand in der positiven Neubesetzung des Begriffs »Volk«, die mit beiden Staatsgründungen 1949 erfolgte. Die

Gesetzestexte beider Verfassungen erhoben Anspruch auf die Vertretung des gesamten deutschen Volkes. Beide Texte verzichteten dabei 1949 konsequent auf die Verwendung des Begriffs der Nation. Die SED und staatliche Einrichtungen der DDR verwendeten hingegen das Adjektiv »national« in Bezug auf die Nationale Volksarmee und andere Organisationen. Der Begriff, der die Verfassungstexte als zentrale Bezugsgröße und Quelle von Legitimation dominiert, ist in beiden Fällen »das Volk«, wobei es sich jeweils um einen anderen Volksbegriff handelt als im Nationalsozialismus.

Offenbar war für die Väter und Mütter der beiden Verfassungstexte der Volksbegriff durch den bis 1945 real existierenden Nationalsozialismus und das mit ihm verbundene Projekt der Volksgemeinschaft nicht so grundsätzlich kontaminiert, dass sie ihn durch einen anderen Gesellschaftsbegriff ersetzt hätten. Das Grundgesetz verwies dabei nicht ausdrücklich auf das Scheitern der Weimarer Verfassung. Die Verfassung der DDR nennt dagegen an mehreren Stellen explizit den Nationalsozialismus als zu überwindenden Zustand deutscher Staatlichkeit.

In der sowjetischen Besatzungszone war der Volksbegriff Kern des Neuentwurfs einer sozialistischen Gesellschaft, in der bereits in der Gegenwart eine Zukunft beginnen sollte, in der die Folgen von Krieg und Gewaltherrschaft überwunden sein würden. Dafür stand emblematisch die Zeile in Johannes R. Bechers Gedicht, das bis Anfang der 1970er Jahre Text der DDR-Hymne war: »Auferstanden aus Ruinen und der Zukunft zugewandt«.

Während wichtige Bedeutungsschichten des nationalsozialistischen Volksbegriffs wie etwa seine rassistische Dimension demonstrativ abgelegt waren, blieben andere erhalten. Dazu gehörte ein ethnisch-kultureller Kern im Sinne Gottfried Herders und der zentrale Bezug auf *das* Volk als Einheit. Gerade in der aktiven Umdeutung des Volksbegriffs blieb er in der DDR bis Ende der 1980er Jahre ein zentraler Bezugsrahmen für staatliches und gesellschaftliches Handeln. Diese Handhabung des Begriffs »Volk« in der DDR unterstellt keine unmittelbare Kontinuität, sondern die Gleichzeitigkeit der Prozesse Ablehnung, Überwindung und Fortwirken.

Etwas Ähnliches lässt sich in Bezug auf die Verwendung des Adjektivs »national« beobachten. Die konsequente Verkettung mit den Namen staatlicher Institutionen wie der Armee oder dem Parlament sollte die Eigenstaatlichkeit der DDR unterstreichen, die von der Bundesrepublik erst 1970 im Zuge der neuen Ostpolitik Willy Brandts anerkannt wurde. Die Nationale Volksarmee und die Nationale Volkskammer standen als Institutionen zugleich für den Versuch einer Überwindung des Nationalsozialismus. Der zentrale Bezug auf das Volk sowie die strukturelle Gewalt beider Institutionen stehen eher für eine nicht intendierte Kontinuität zwischen der NS-Diktatur und der SED-Herrschaft.

Die Konstruktion des neuen bundesrepublikanischen Staates basierte dagegen auf der Annahme, es handle sich um dasselbe Rechtssubjekt wie das Deutsche Reich. Durch das Antreten dieses staatsrechtlichen Erbes in Form einer unmittelbaren Kontinuität zwischen 1945 und 1949 formulierte die Bundesrepublik den politischen Alleinvertretungsanspruch für Deutschland. Während die Führung der

Deutschen Demokratischen Republik auf den kommunistischen Antifaschismus der Zeit vor 1945 als Legitimationsquelle und ideologische Alternative zum Nationalsozialismus verwies, bezog sich die Bundesrepublik Deutschland in erster Linie auf die Weimarer Republik und ihre 1919 verabschiedete Verfassung als Quelle von Legitimation. Dazu gehörte auch die Verwendung eines nicht rassischen, aber im Kern ethnischen Volksbegriffs, die vorgab, es wäre möglich, an die Zeit vor 1933 anzuknüpfen, als hätte es den Nationalsozialismus nicht gegeben.

Durch die Kontinuität in der Verwendung des Deutschland-Begriffs als synonym mit dem deutschen Staat in den Grenzen von 1937 schien es in der Bundesrepublik nicht notwendig, den Alleinvertretungsanspruch mithilfe des Adjektivs »national« zu unterstreichen. Eine weitere Kontinuität bestand in der Übernahme einzelner nationalsozialistischer Sprachregelungen im Grundgesetz. Dazu gehörte etwa »Volkszugehörigkeit« als Voraussetzung und Garantie für die Erteilung deutscher Staatsbürgerschaft an Menschen, die vor 1945 keine Staatbürger waren. Damit zeichnet den frühen bundesrepublikanischen Umgang mit dem Deutschen Reich die Gleichzeitigkeit von rechtlicher Kontinuität und symbolischer Vorverlagerung historischer Bezüge in die Zeit vor 1933 aus, die nahelegte, dass es sich bei der Herrschaft von Hitler und der NSDAP um einen Betriebsunfall der deutschen Geschichte gehandelt habe.

Im Ringen um die Alleinvertretung legitimer deutscher Staatlichkeit waren die Neugründungen von 1949 indirekt auf ihr jeweiliges Gegenüber fixiert. Das ermöglichte in beiden Teilen der deutschen Gesellschaft zweierlei: das langfristige Ausblenden postnationalsozialistischer Kontinuitäten innerhalb der deutschen Gesellschaft nach 1945 und ein Verdrängen des Umstands, dass weder die DDR noch die Bundesrepublik bis 1990 vollständig souveräne Staaten waren.

In Potsdam hatte man eine Friedenskonferenz vereinbart, die jedoch in einer unbestimmten Zukunft stattfinden sollte. Damit lag der endgültige Abschluss des Zweiten Weltkriegs und mit ihm die Regelung der Rechtsnachfolge des Deutschen Reichs sowie der endgültigen Kriegskosten außerhalb der planbaren Zukunft, auf die Menschen unmittelbar hätten hinarbeiten können. Von 1949 an war es Staatsdoktrin der Bundesrepublik, das Potsdamer Abkommen als nicht gültigen völkerrechtlichen Vertrag zu betrachten. Statt auf einen De-jure-Abschluss des Weltkriegs hinzuarbeiten, arbeiteten die Deutschen in zwei Staaten an einer De-facto-Überwindung der Folgen des Zweiten Weltkriegs: die Deutsche Demokratische Republik durch die explizite Ablehnung des nationalsozialistischen Erbes, umfangreiche Reparationen an die Sowjetunion und den Versuch, einen sozialistischen Gegenentwurf zum Nationalsozialismus umzusetzen; die Bundesrepublik Deutschland durch den Versuch, das Erbe des Deutschen Reichs anzutreten, einen finanziellen Ausgleich mit Israel und den westlichen Siegermächten zu finden sowie einen demokratischen Gegenentwurf zum Nationalsozialismus zu entwickeln.

Beide postnationalsozialistischen Staatsgründungen waren eine unmittelbare Konsequenz der alliierten Besatzungspolitik, deren Akteure auch nach 1949 darüber wachten, wie die deutsche Gesellschaft mit dem nationalsozialistischen Erbe umging. Als Hans-Dietrich Genscher, Lothar de Maizière, Roland Dumas, Eduard Schewardnadse, Douglas Hurd und James Baker 1990 den Zwei-plus-Vier-Vertrag über die abschließende Regelung in Bezug auf Deutschland unterzeichneten, dominierte das Narrativ vom Ende des Kalten Kriegs und der Überwindung der deutschen Teilung, nicht aber die Feststellung, dass erst das formelle Ende des Besatzungsstatus der Alliierten formell auch den Zweiten Weltkrieg beendete.

Die Einigung auf das Zwei-plus-vier-Format sowie das Entlassen eines gesamtdeutschen Staates in die vollumfängliche Souveränität schien aufgrund der nach 1989 rasch zunehmenden politischen Verwerfungen in der Sowjetunion nur innerhalb eines kleinen Zeitfensters möglich zu sein. Die von der Bundesregierung und den Alliierten entwickelte Rechtskonstruktion sah vor, dass die im Potsdamer Abkommen vorgesehene Friedenskonferenz nicht stattfinden werde. Eine solche hätte formelle Verhandlungen mit allen Kriegsgegnern des Deutschen Reichs beinhalten müssen und 1990 nicht abgeschlossen werden können.

Aufgrund dieser politischen Entscheidung saßen wichtige Opfer deutscher Besatzungspolitik wie die Republik Polen und Griechenland 1990 nicht an jenem Verhandlungstisch, an dem aus Sicht der Bundesregierung das Ende des Nachkriegs besiegelt wurde. Polen hatte sich anders als Frankreich nicht mit der deutschen Besatzung arrangiert und dafür als Gesellschaft und Staat einen besonders hohen Preis bezahlt. Das Deutsche Reich führte in Polen ab September 1939 einen Vernichtungskrieg durch. Er war geprägt von gezielten Tötungen von Angehörigen der polnischen Elite, der rassistischen Segregation der gesamten Gesellschaft, der radikalen Verfolgung der jüdischen Minderheit sowie vom millionenfachen Einsatz von polnischen Zwangsarbeiterinnen und Zwangsarbeitern.

Dass Polen 1990 anders als Frankreich an den Vertragsverhandlungen, die statt einer Friedenskonferenz stattfinden sollten, nicht beteiligt war, war kein Zufall. Deutschland wollte eine vollständige Eigenstaatlichkeit auf dem Territorium westlich von Oder und Neiße ohne Verhandlungen über Reparationen. Dabei hatte die Bundesrepublik nach 1949 noch über Jahrzehnte die Pensionen der Beamten von Gestapo, SS, Kriminalpolizei und Wehrmacht gezahlt, die an Kriegsverbrechen und Verbrechen gegen die Menschlichkeit beteiligt waren. Sie wollte aber 1990 nicht für die Kriegsschuld Deutschlands gegenüber bisher kaum berücksichtigten Staaten wie Polen oder Griechenland aufkommen.

Der Begriff »Wiedervereinigung« ist in zweifacher Hinsicht irreführend. Erstens bestand die juristische Konstruktion im parallel zum Zwei-plus-vier-Format verhandelten Vertrag zum Beitritt der zuvor neu gegründeten Länder, der mit der Übernahme aller Rechtsbestände der Bundesrepublik einherging. Zweitens war 1990 das Jahr, in dem der Zweite Weltkrieg für die Deutschen formell endete, indem die Zuständigkeit des Alliierten Kontrollrats durch eine neue rechtliche Regelung ersetzt wurde. Zwar ist die politische Möglichkeit einer anderen Zukunft bis heute im Grundgesetz in § 146 erhalten, die Bundesregierung vertritt allerdings die

Rechtsauffassung, dass das Grundgesetz heute den Rang einer Verfassung hat. 1990 verwandelte Helmut Kohl zusammen mit den anderen Staatsmännern diese mögliche Zukunft in Vergangenheit. Und zwar nicht am 3. Oktober, sondern bereits am 2. September, an dem der Zwei-plus-vier-Vertrag unterzeichnet wurde.

Indem die Sowjetunion gemeinsam mit den anderen Alliierten auf den privilegierten und vorübergehenden Status als Sieger und Besatzungsmacht verzichtete, konnte nun auch das östliche Deutschland Teil der Europäischen Gemeinschaft und die Bundesrepublik insgesamt zum größten Mitgliedsland werden. Noch Anfang 1990 konnten sich selbst die politischen Schlüsselfiguren in Washington, Moskau, Paris und London nicht vorstellen, dass sich das Gebiet der NATO binnen eines Jahres bis an die Oder ausdehnen würde, ja, dass die ehemalige sowjetische Besatzungszone überhaupt Teil des nordatlantischen Verteidigungsbündnisses werden könnte.

Der Preis, den die Bundesrepublik Deutschland dafür zahlte, war niedrig. Der Zwei-plus-vier-Vertrag sah allein die Zahlung der Kosten des Abzugs der Roten Armee vor. Verhandlungsgeschick spielte dabei ebenso eine Rolle wie die katastrophale politische und wirtschaftliche Situation in der Sowjetunion, die Gorbatschows Verhandlungsposition schwächte.

Die Architekten des Zwei-plus-vier-Vertragswerks hatten den noch nicht geladenen Gästen der Friedenskonferenz nicht formell abgesagt. Heute heißt es dazu aus dem Auswärtigen Amt, dass Ansprüche auf Reparationen in jenen entscheidenden Monaten hätten geltend gemacht werden müssen. Aus Sicht der vom Hitler-Stalin-Pakt in besonderem Maß betroffenen Gesellschaften, zu denen auch Polen gehört, reichte der Schatten des Krieges bis 1989. Die polnische und litauische Perspektive erweitern den Blick auf die Temporalität der Nachkriegszeit deutlich, denn anders als im geteilten Deutschland konzipierten die dortigen Eliten die Zeit zwischen 1945 und 1989 als historische Phase mit – infolge der 1944 erfolgten Annexion durch die Sowjetunion – vollständig eingeschränkter Souveränität. Richtet man diesen Blick aus dem östlichen Mitteleuropa auf die beiden deutschen Staaten mit eingeschränkter Souveränität, wird deutlich, dass sie postnationalsozialistische Staatsgründungen waren. Die Folgen des Zweiten Weltkriegs wirkten sowohl in Berlin als auch in Bonn fort in der Weigerung, sich selbst als besetzte Gesellschaft zu sehen.

2024 leben wir in einer Bundesrepublik Deutschland, die die Rechtsnachfolge des Deutschen Reichs ebenso angetreten hat wie die Rechtsnachfolge der Deutschen Demokratischen Republik. Diese zweifache Nachfolgeregelung ließe sich durch bewusst gesetzte Bindestriche im Adjektiv »post-national-sozialistisch« zum Ausdruck bringen. Ein wichtiger Teil der heutigen Staatsräson beruht auf der politischen Überzeugung, dass es keine Friedenskonferenz mehr geben wird und dass man 1990 durch die völkerrechtliche Regelung des Status Deutschlands aus dem Schatten des Kriegs getreten ist.

Das Zauberwort im Zwei-plus-vier-Vertrag war demnach das Wort »abschließend«. So wird auch eine Zukunft abgewehrt, in der die Bundesrepublik noch immer die Möglichkeit hätte, mit den von deutscher Besatzung und Zerstörung betroffenen Gesellschaften einen materiellen Ausgleich zu finden. An diese mögliche Zukunft wurde Deutschland während der Finanzkrise von unterschiedlichen politischen Akteuren in Griechenland erinnert. In Polen machte die von der PiS geführte Regierung entsprechende Ankündigungen. Nach deren Abwahl zog die siegreiche Bürgerplattform die seither im Raum stehenden Forderungen formell nicht zurück. Die wiederkehrenden Rufe nach Reparationen sind schmerzhaft, weil sie daran erinnern, dass Deutschland weder als Staat noch als Gesellschaft den systematischen Versuch unternommen hat, die Gesamtrechnung für die Zerstörungen des Zweiten Weltkriegs zu zahlen.

Dass die Frage nach dem Ende des Deutschen Reichs eine zutiefst politische ist, belegen auch jene selbsternannten »Reichsbürger«, die die oben geschilderte Rechtsentwicklung sowie die 1990 bestätigte Konstituierung der Bundesrepublik Deutschland als Rechtsnachfolger des Deutschen Reichs nicht anerkennen. Sie zeigen, was postnationalsozialistische Gesellschaft im 21. Jahrhunderts auch heißen kann: militante Gewaltbereitschaft sowie unmittelbare ideologische Kontinuität mit dem Deutschen Reich und Preußen in den 1920er und 1930er Jahren.

Die »Reichsbürger« sind gefährlich, weil unter ihnen besonders viele rechtsextreme und gewaltbereite Bundesbürger sind. Sie sind aber auch eine symbolische Bedrohung, weil sie eine andere historische Interpretation in ein militantes politisches Programm gegossen haben. Das bedroht den Kern bundesrepublikanischer Staatsräson in ähnlicher Weise wie die Forderung danach, endlich vollumfängliche Reparationen an Polen, Griechenland und andere vom Deutschen Reich im besonderen Maß betroffenen Staaten zu zahlen.

Der halb geöffnete Mund

Von Victor Loxen

Während Lenin in Russland die Oktoberrevolution unerbittlich vorantrieb, schrieb Franz Kafka eine 56 Zeilen lange Variation des Sirenenmythos in sein Oktavheft. Der Odysseus des Jahres 1917 präpariert sich mit Ketten und Wachs. Mitstreiter hat er nicht; gegen die verführerischen Laute wird lieber ein »Mittelchen« (Kafka) zu viel eingesetzt. Wie erwartet trifft Odysseus auf die Sirenen an der Meerenge, erblickt »die Wendungen ihrer Hälse, das tiefe Atmen, den halb geöffneten Mund«. Sie aber sehen ihn und – schweigen.

Kafka war dieses Schweigen der Sirenen eine »noch schrecklichere Waffe« als der Gesang.[1] Das hat Tradition. Seit den römischen Epikern bedeutet das »Schweigen der Gesetze« den rechtlosen Ausnahmezustand, ist das zornige Schweigen Wesensmerkmal der Tyrannis.[2] Im äußersten Fall

1 Vgl. Walter Benjamin, *Franz Kafka*. In: *Gesammelte Schriften*. Bd. II: *Aufsätze, Essays, Vorträge*. Frankfurt: Suhrkamp 1991.

2 Silke Anzinger, *Schweigen im römischen Epos. Zur Dramaturgie der Kommunikation*

zeigt das Schweigen die Revolution, Diktatur, den Ausnahmezustand an. Der Epiker Lucan fasst diese Lage nicht umsonst in das Bild der Staatstrauer, denn sie ist das rohe Phänomen und Ende des Rechtszustands. Neben diese Tyrannei tritt mit Hobbes Permissivität. Wo die Gesetze schweigen, ist wenigstens nichts mehr befohlen. Indes: Der Souverän spricht in beiden Fällen nicht, Begründungen bleiben ihm fremd. Seiner Stummheit ist nicht beizukommen. Das potente Schweigen ist daher in den Gegensatz zur Sprachlosigkeit gestellt. Die Subalternen schweigen nicht, sie können nicht sprechen. Lord Chandos schweigt nicht, seine Sprache ist vom Rost zerfressen. In dieser Stille ist ein historisch und juristisch umreißbares Schweigen auszumachen, ein Beschweigen: das Geheimnis. Es kennt Sachbereiche, Subjekte und Begründungen. Worüber darf wer jeweils schweigen? Der legitime Ort des Geheimnisses hat einen historischen Index.

Neuverortungen im Parkett

Die bürgerliche Gesellschaft kennt das Geheimnis des Einzelnen. Das Subjekt der Aufklärung konnte einen absoluten Schutzraum gegen weltliche und insbesondere geistliche Inanspruchnahme errichten. Dieses Recht auf substantielle Privatheit findet seine Kulturtechnik im bürgerlichen Schweigen. Auf den Straßen, Plätzen, in den Parks, beim Flanieren, paradigmatisch allerdings im Theater und Gesellschaftsklub setzte sich das Ideal der selbstbeherrschten Stille durch: »In the club of the 19th Century, silence had become a right.«[3] Im Schweigen wird das Recht zur stillen Distanz öffentlich signifiziert und reproduziert; die bourgeoise »discipline of silence« verschaffte nicht nur Distinktion gegenüber der lauten Arbeiterklasse, die Privatsphäre meist schon materiell nicht beanspruchen konnte, sie etablierte das Geheimnis auch gegenüber staatlicher Macht. In der Tat »markiert Geheimhaltung als Persönlichkeitsrecht eine Zäsur in der Geschichte des Geheimnisses, weil sie Geheimnis an die Intimität des Einzelnen und nicht mehr der Gruppe, eine Institution oder der Macht selbst anschließt«.[4] Direktes Korrelat dieses legitimierten Schweigens ist die Delegitimierung der hoheitlichen Geheimhaltung. Nicht den Staat schützt das Geheimnis, sondern den Bürger.

Bis tief in die Neuzeit hinein war das *arcanum imperii* eine zumindest akzeptierte Dimension politischer Herrschaft.[5] Noch 1843 fand Marx in seiner *Kritik der Hegelschen Rechtsphilosophie* den »allgemeinen Geist« der monarchischen Bürokratie im Geheimnis, doch zu diesem Zeitpunkt war jener Geist bereits unter Beschuss geraten. Mit dem aufklärerischen Übersprung des Geheimnisses auf das Individuum ging die Genese der bürgerlichen Öffentlichkeit einher.[6] Sie stellte den Staat prompt zur Rede. Nicht zufällig im Zeitalter der bürgerlichen Wissen-

bei Vergil, Lucan, Valerius Flaccus und Statius. Berlin: de Gruyter 2007.

3 Richard Sennett, *The Fall of Public Man* [1977]. London: Penguin 2003.

4 Jan Assmann / Aleida Assmann, *Schleier und Schwelle*. Bd. 1: *Geheimnis und Öffentlichkeit*. München: Fink 1997.

5 Lucian Hölscher, *Öffentlichkeit und Geheimnis*. Stuttgart: Klett-Cotta 1979.

6 Reinhart Koselleck, *Kritik und Krise. Eine Studie zur Pathogenese der bürgerlichen Welt*. Frankfurt: Suhrkamp 1973.

schaften mit ihren gegen die »Stummheit der Welt« (Karl Löwith) gerichteten Enzyklopädien, endlosen Katalogen und Genealogien musste auch die Herrschaft gesprächig gemacht werden. Aus Legitimität wird Legitimation. Eine höhere Wahrheit konnte der Staat ohnedies nicht mehr bergen; die öffentliche Erörterung und Debatte über die beste Regierung der bourgeoisen Gesellschaft forderte zur pragmatisch-instrumentellen Besserung aller Lebensbereiche dem Grunde nach sämtliche Informationen ein.

Der »aristokratische Begriff des Geheimen«, dem Carl Schmitt in seiner Katholizismusschrift von 1923 nachtrauert, war tief in der monarchischen Ordnung verankert. Das Ende dieser Gesellschaftsform bedeutete auch das Ende ihres Geheimnisses. Schmitt fürchtete den heraufziehenden Staat, in dem »es keine ›Arcana‹ mehr geben, keine Hierarchie, keine Geheimdiplomatie und überhaupt keine Politik mehr [geben wird], denn zu jeder großen Politik gehört das ›Arcanum‹. Alles wird sich vor den Kulissen abspielen (vor einem Parkett von Papagenos).« Die Sentimentalität des konservativen Revolutionärs, der den Bourgeois (Papageno) in Sachen Repräsentation für wesensmäßig ungeeignet befindet, verdeckt ein wenig die hellsichtige Feststellung, dass die Zeit des echten Staatsgeheimnisses zwar einerseits lange abgelaufen, dass andererseits aber noch kein Vollstrecker dieses geschichtlichen Urteils auf den Plan getreten ist. Nirgends war bislang der Staat vor die Kulissen gezogen, nirgends ein rechtlicher Mechanismus installiert worden, der sein Schweigen bricht.

Californication ...

Auf der anderen Seite des Atlantik wird im Jahr 1952 ein junger Mann in den amerikanischen Kongress gewählt. John E. Moss, Repräsentant für einen kalifornischen Distrikt, gilt der Eisenhower-Regierung als Kommunistensympathisant, fordert Akten zu den knapp dreitausend politischen Entlassungen der Regierung an und agitiert gegen McCarthy. Oberhalb dieser tagespolitischen Kämpfe fasst er bald ein großes Projekt ins Auge, einen *Freedom of Information Act* (FOIA).

Der Boden dafür war längst bereitet. Mehr als ein Jahrzehnt vor Schmitts Elegie auf das Arcanum gießt Woodrow Wilson sein Wahlprogramm von 1912 in ein Buch, in dem er den Staat in eine topologisch gewagte Zweidimensionalität hineinmetaphorisiert: »Government ought to be all outside and no inside.« Eine Rückseite der Kulisse soll es nicht mehr geben; keinen Ort, »where anything can be done that everybody does not know about«.[7] Der große Supreme-Court-Richter Louis Brandeis, von Wilson berufen, fasste das urliberale Versprechen dieser Durchsichtigkeit in einen heute im Englischen zur Phrase gewordenen Satz: »Sunlight is said to be the best of disinfectants.«[8]

7 Woodrow Wilson, *The New Freedom – A Call for the Emancipation of the Generous Energies of a People.* [1913]. Hoboken: Prentice-Hall 1961.

8 Louis Brandeis, *Other People's Money and How the Bankers Use It.* New York: Frederick A. Stokes 1914. Für die deutsche Tradition spricht Kant (in *Zum ewigen Frieden*, 1795): »Alle auf das Recht anderer Menschen bezogenen Handlungen, deren Maxime sich nicht mit der Publicität verträgt, sind unrecht.«

Das totale Außen des Staates bedeutet seine totale Sichtbarkeit, das Ende des Geheimnisses in der Semantik des Visuellen. Mehr noch: Die Absage an den originären Innenraum des Staates wird nur möglich mit seiner endgültigen Demokratisierung. Allein in der Demokratie ist »der Staat selbst nur eine Selbstbestimmung des Volks und ein bestimmter Inhalt desselben«; er wird zum »objektivierten Menschen«.[9] Der *Dualismus* von Souverän und Untertan ist in der *Differenz* institutionalisierter Selbstregierung aufgegangen.[10]

Die fremde Stummheit der Herrschaft,[11] diese schrecklichste Waffe, war prinzipiell undenkbar geworden. Die Theaterbühne als Bildwelt des Absolutismus, mit ihren Sichtachsen, Vorhängen, Schattenwürfen, ihrem okklusiven Raum, hatte damit ausgedient. Die Zweidimensionalität antizipiert vielmehr das adäquate Medium der Demokratie des 20. Jahrhunderts: den Fernseher. Wilson zog den Staat nicht einfach vor die Kulisse, er schaffte die Kulisse ab.

An keiner Stelle wird die gründlich ausgeschlagene Erbschaft des aristokratischen Geheimnisses aber augenfälliger als in Wilsons Vierzehn-Punkte-Programm von 1918, mit dem er die sehr lebendige europäische Geheimdiplomatie – stets noch ein Reservat des Adels – auf den *chopping block* der ersten Nachkriegsordnung beförderte. Vor diesem Hintergrund erscheint das anvisierte Informationsfreiheitsgesetz eher wie ein legislativer Nachzügler der *progressive era*. Es hatte sich gegen erhebliche Beharrungskräfte durchzusetzen.

John Moss konnte die Mehrheit für das Gesetz tatsächlich erst 1966 organisieren, trotz publikumswirksamer Auseinandersetzung mit dem präsidentiellen Exekutivprivileg in der Kubakrise und trotz der zivilgesellschaftlichen Mobilisierung durch den Vietnamkrieg. Noch im Jahr zuvor hatte der Supreme Court in der Entscheidung Zemel v. Rusk die Konstitutionalisierung der Informationsfreiheit abgeschnitten;[12] Chief Justice Earl Warren weigerte sich, aus dem ersten Verfassungszusatz ein subjektives Recht auf Informationszugang abzuleiten. Auf der anderen Seite stellte sich das Justice Department auf den Standpunkt, die verfassungsrechtliche Gewaltenteilung werde durch den geplanten Freedom of Information Act verletzt. Der Kongress konnte die ihrerseits demokratisch legitimierte Exekutive unmöglich derart strukturell und umfassend nach außen krempeln. Assistant

9 Karl Marx, *Zur Kritik der Hegelschen Rechtsphilosophie* [1843/44]. In: *MEW*, Bd. 1, Berlin: Dietz 1960.

10 Der Übergang der Negativität der Souveränität in die »heterotopische Differenz« (vgl. Byung-Chul Han, *Agonie des Eros*. Berlin: Matthes & Seitz 2012) des »objektivierten Menschen«, d. h. der juristischen Person Staat, impliziert nicht das Ende relativ autonomer Politik, sondern vielleicht gerade ihren Anfang.

11 Das spezifische Schweigen der monarchischen Herrschaft kondensiert Kafka eindrücklich in seinem Notat *Zur Frage der Gesetze*.

12 Das Urteil behandelte die Verweigerung eines Reisepasses und sah mangels status positivus keine Verletzung des ersten Verfassungszusatzes: »The right to speak and publish does not carry with it the unrestrained right to gather information.« Die Leitentscheidung zur Informationsfreiheit (Houchins v. KQED, 1978) stützte sich auf dieses Diktum.

Attorney General Norbert A. Schlei griff als vom zuständigen Ausschuss vorgeladener Vertreter des Ministeriums gleich in die hohen Register: »A successful democracy will never be built upon freedom of information achieved simply by affording to any and all persons unrestricted access to official information.«[13]

»What is Moss trying to do, screw me?«, fragte Präsident Lyndon B. Johnson dementsprechend nach dessen erfolgreich orchestrierter 307-zu-null-Abstimmung im Repräsentantenhaus, »I thought he was one of our boys, but the Justice Department tells me his goddamn bill will screw the Johnson Administration.«[14] Zur Ausfertigung des übrigens zusammen mit einem gewissen Donald Rumsfeld eingebrachten Entwurfs sah sich Johnson gezwungen – eine Unterzeichnungszeremonie verbat er dagegen brüsk: Auf ein Memorandum von Moss, das um diese übliche Festivität bat, kritzelte er wüst: »No Ceremony.«[15]

Der FOIA war das praktisch erste Gesetz dieser Art und Reichweite. Es inaugurierte ein ungekanntes Regel-Ausnahme-Verhältnis: Jede Person hat einen voraussetzungslosen Anspruch darauf, dass im Grundsatz alle behördlichen Informationen verfügbar gemacht werden; die Geheimhaltung ist rechtfertigungsbedürftig und nur temporär. Der Staat muss, so oder so, sprechen. Schlei stellte diese grundstürzende Rekonfiguration im Rahmen der erwähnten Anhörung, wenn auch in polemischer Absicht, präzise fest: »the basic thrust […] is to eliminate any application of judgment to questions of disclosure or nondisclosure, and to substitute, therefore, a simple, self-executing legislative rule which would automatically determine the availability to any person of all records in the possession of all agencies«.[16] Der Kongress justierte einige Male nach, und mitunter haben Präsidenten ihre Administrationen abzuschirmen versucht. Doch hat sich der FOIA heute als De-facto-Grundrecht in der amerikanischen Gesellschaft etabliert – die 1,1 Millionen FOIA-Anfragen des Jahres 2023 geben darüber selbst gültig Auskunft.

… going global

Der Erlass des amerikanischen Freedom of Information Act läutete eine Epoche der Informationsfreiheitsgesetze ein. Frankreich folgte 1978, Kanada, Australien und Neuseeland 1982/83. Der Fall des Eisernen Vorhangs lässt sich auch anhand der einschlägigen Gesetzgebung verfolgen: Ungarn schreibt das Recht direkt in seine neue Verfassung, Ukraine erlässt ein

13 Federal Public Records Law, Hearing on H. R. 5012, Subcomm. on Foreign Operations and Gov't Info of the Comm. On Gov't Operations, 89th Cong. 1965.

14 So die Überlieferung von John Moss. Vgl. C. J. Ciaramella, *The Freedom of Information Act – and the Hero Who Pioneered It*. In: *Pacific Standard* vom 29. Juni 2016 (psmag.com/news/the-freedom-of-information-act-and-the-hero-who-pioneered-it/).

15 White House, *Memorandum for the President* vom 24. Juni 1966 (nsachive2.gwu.edu/NSAEBB/NSAEBB194/Document%208.pdf).

16 »Der Grundgedanke besteht darin, jede Ermessensentscheidung in der Frage der Offenlegung oder Nichtoffenlegung zu beseitigen und stattdessen eine simple, selbstausführende Rechtsvorschrift einzuführen, die automatisch die Verfügbarkeit aller im Besitz aller Behörden befindlichen Unterlagen für jede Person festlegt.«

entsprechendes Gesetz im Jahr 1992. Bulgarien und Rumänien tun es den anderen 2000 und 2001 nach. Daneben ist Irland 1997 an der Reihe und Japan im Jahr 1999. 2018 hatten schließlich 119 Länder ein Informationsfreiheitsgesetz.

Im Fall des bundesdeutschen Informationsfreiheitsgesetzes (IFG) zeigen sich mindestens ebenso starke Widerstände wie in den Vereinigten Staaten. Ein allgemeines Informationsrecht gegenüber der Verwaltung gab es nicht.[17] § 29 VwVfG normiert seit 1977 zwar ein Akteneinsichtsrecht, das gilt jedoch nur für Beteiligte an einem Verwaltungsverfahren und ist an deren berechtigte Interessen gekoppelt. Als progressiver Kandidat kann ferner nur scheinbar das Umweltinformationsgesetz von 1994 dienen, da bloß eine auf das Umweltrecht beschränkte EU-Richtlinie umgesetzt wurde. Ab 1998 erließen zuerst einzelne Bundesländer allgemeine Informationsfreiheitsgesetze. Kurz vor Weihnachten des Jahres 2004 kam es nach hier nicht näher darzustellenden Wirren zur Gesetzesinitiative. Das IFG trat zum 1. Januar 2006 in Kraft.

Struktur und Gesetzestechnik des Informationsfreiheitsgesetzes sind vom erläuterten Vorbild bekannt. Im thematischen Standardkommentar ist die Euphorie eines »längst überfälligen« Durchbruchs noch spürbar, weiß man sich vom Fortschrittssturm aus dem liberalen Herzland in die Zukunft getragen: »Die Informationszugangsfreiheit in Deutschland ist in ihrer Grundausrichtung unumkehrbar.«[18] Der empirische Befund ist deutlich: 2023 erreichten mehr als 14000 IFG-Begehren allein die Bundesbehörden. Die Welt der Transparenz vor unseren Augen, stellt sich die Frage, welches Politik- und Öffentlichkeitsmodell der Informationsfreiheitsgesellschaft zugrunde liegt.

Halbheiten der Transparenz

An der normativen Flussrichtung von Transparenzansprüchen lässt sich zunächst noch einmal die liberale Neuverortung des legitimen Geheimnisses ablesen. Der »gläserne Bürger« ist zu einer rhetorischen Schreckfigur geworden, in der sich allerlei allgemeine und sehr deutsche Ängste versammeln. Die in ihrem Namen zuerst verfassungsgerichtlich, dann erst auf europäischer Ebene ernsthaft legislativ exekutierte Datenschutzproliferation ist Legion. Im grellen Gegensatz dazu kann der Staat nicht transparent genug sein – ja, er muss bei jeder Bewegung möglichst viele Informationen in den Äther der (sozialen) Medien transpirieren. Wenn die Polizei, der Rettungswagen, die Feuerwehr, das Ordnungsamt, das Technische Hilfswerk vorbeifährt, will die Bürgerin der Transparenzgesellschaft wissen, wohin. Wahrscheinlich wird sie es auf Twitter erfahren. Was aber sind die Informationen, die die Transparenz verspricht? Was soll mit ihnen zu tun sein? Welcher

17 Die Ableitung des sogenannten presserechtlichen Auskunftsanspruchs unmittelbar aus Art. 5 Abs. 1 S. 2 GG im *Spiegel*-Urteil von 1966 bildet eine bemerkenswerte Gleichzeitigkeit zu den USA, wo die verfassungsrechtliche Enthaltung (Zemel v. Rusk, 1965) die politische Entscheidung für den FOIA im selben Jahr forcierte, indes ist der Auskunftsanspruch anderen Inhalts und von Voraussetzungen abhängig.

18 Friedrich Schoch, *Informationsfreiheitsgesetz. Kommentar* (Einleitung). München: Beck 2024.

Resonanzraum ist der Transparenz zugeordnet?

Pierre Rosanvallon hat die Transparenz dem institutionensensiblen Politikverständnis der Öffentlichkeit gegenübergestellt. Die Öffentlichkeit des 19. Jahrhunderts spielte innerhalb einer bestimmten Anordnung. Sie beschreibt die Offenheit der Exekutive gegenüber der Legislative und die der Legislative gegenüber der öffentlichen Meinung; das Parlament als Spiegelbild und Bühne der Nation hat in dieser Imagination seinen Platz. Die öffentliche Meinung bildete, *idealiter*, politische Positionen aus, die in der Legislative stattfinden sollten und gerade aus der medial vermittelten Diskursivität einen starken Vernunftanspruch ableiteten.

Transparenz, wie sie sich in der Begeisterung für Informationsfreiheitsgesetze und in ihrem Gebrauch widerspiegelt, hat diese Struktur und starke Normativität nicht.[19] Sie ist an Politik, ihren institutionellen Voraussetzungen und ihrer medialen Vermittlung nicht unmittelbar interessiert, sondern fungiert als vorgeschaltetes Mittel, um erst einmal alles Mögliche publik zu machen und den »Anschein des Verschwörerischen und Komplizenhaften« (Benjamin Constant) zu zerstreuen. Transparenz ist amorphe Daueremission unvermittelter Informationspartikel.

Das ist metaphorologisch wiederum nicht selbstverständlich, bedeutet Transparenz im eigentlichen Sinn doch die physikalische Lichtdurchlässigkeit eines Mediums. Mit dem Informationszeitalter hat sich dieser Sinn allerdings in der Metapher verloren. Transparenz impliziert, wie Paul Virilio scharf beobachtet hat, als Metapher nicht reale Durchsichtigkeit, sondern Übertragung.[20] Wie sollte es bei einem idealen Gebilde wie dem Staat auch anders sein? Der Staat muss durch seine Amtswalterinnen sprechen, obgleich er bisweilen architektonisch noch immer gerne auf seine vermeintlich materiale Transparenz verweist.

Interessant ist das halbierte Politikverständnis des Transparenzideals ganz besonders dort, wo es programmatisch geworden ist. NGOs wie Transparency Deutschland rechnen sich zu den Fackelträgern der Transparenz und meinen damit Korruptionsbekämpfung, die, auf Grundlage eines diffusen, eher konnotativen Korruptionsbegriffs, Lobbyismusberichte, Good-Governance-Ideologie und Korruptions*wahrnehmungs*indizes einbegreift: »Da man nicht weiß, was die Macht konkret *tun* soll, kümmert man sich inzwischen vor allem darum, was sie *sein* sollte.«[21]

Ureigenes Kind des IFG ist weiters das Projekt FragDenStaat, laut Selbstbeschreibung die »zentrale Anlaufstelle für Informationsfreiheit«. An diesem Punkt verdichtet sich das prinzipiell Apolitische der Transparenz, denn ein Portal allein für private Informationsanfragen will man hier sicher nicht sein. So überrascht es nicht,

19 In dem Begriff der Informationsfreiheit ist das Subjekt der Freiheit ausgewechselt. Informationsfreiheit meint nicht die Freiheit des Einzelnen, sich innerhalb einer Öffentlichkeit zu informieren, sondern die »Freiheit« der Information, also schlicht ihre möglichst vollständige Verfügbarkeit.

20 Paul Virilio, *Rasender Stillstand. Essay.* Aus dem Französischen von Bernd Wilczek. München: Hanser 1992.

21 Pierre Rosanvallon, *Die gute Regierung*. Aus dem Französischen von Michael Halfbrodt. Berlin: Suhrkamp 2018.

dass FragDenStaat besser als Transparenzunternehmerin charakterisiert werden kann. Das Projekt führt allerlei selbstbewusste Kampagnen (»Unsere Kampagnen sorgen für Fortschritt«) unter der Fahne von Informationsfreiheit und Demokratiesicherung durch (»Black Box EU«, »Spekulation abwenden!«, »Mission Fleisch«), unter denen besonders diejenige mit dem Namen »Zensurheberrecht« heraussticht.

In deren Rahmen wurden strategisch 45 000 IFG-Anfragen an die Bundesregierung gecrowdsourced, um einen urheberrechtlichen (»hoffnungslos veraltet«!) Rechtsstreit in Sachen Glyphosat zu gewinnen. Man kann die Anliegen sämtlich aus guten Gründen unterstützen, nur haben sie mit der Frage an den Staat wenig zu tun. Das Gesetz dient hier recht eigentlich als verwaltungsrechtliche, also scharfgeschaltete Alternative zum Petitionsrecht; im Extremfall als Instrument einer juristischen *distributed denial of service*-Attacke.

Es nimmt nicht wunder, dass trotz des IFG und trotz der stetig steigenden Anfragenzahl im Bund das Vertrauen in die Politik ebenso stetig erodiert. Den Informationszugang als Mittel gegen den »Anschein des Verschwörerischen und Komplizenhaften«, wuchernde Politikverdrossenheit und so weiter zu betrachten, heißt, einer Verwechslung aufzusitzen. Nicht die nackte Information ist politisch relevant und willensbildend, sondern die Öffentlichkeit, durch die sie vermittelt wird.

Der Slogan »Democracy Dies in Darkness« der *Washington Post* ist stolzer Ausdruck dieser medialen Öffentlichkeit, nicht jener blinden Transparenz. Die fragmentierte Medienlandschaft und eine Bevölkerung, in der sich substantielle Teile aus der bürgerlichen Öffentlichkeit ausgeklinkt haben, produzieren insofern schon nicht die richtigen Subjekte für die Informationsflutungen der Transparenzmaschinerie. Unter diesen Bedingungen wendet sich das Transparenzideal hinter dem Rücken der Akteure gegen sich selbst und resultiert letztlich nur in mehr gesellschaftlicher Intransparenz.[22]

Sind schließlich nicht die unaufhaltsam ansteigenden Antragszahlen symptomatisch für den Vertrauensverlust? Die Sehnsucht nach Transparenz wird ja exakt in dem Maß virulent, in dem das Vertrauen in Parlamente, Gerichte, Behörden und traditionelle Medienwelt bereits verschütt gegangen ist. Die Abertausenden IFG-Anfragen von ressourcenstarken Akteuren organisierter Partikularinteressen an eine demokratische Verwaltung ließen sich dann mit einiger Berechtigung als Bürokratie- und Gleichheitsproblem diskutieren. Die Demokratie wird jedenfalls nicht durch geschäftsmäßig habitualisierte Politikparanoia gerettet, sondern durch das von ihr in Aussicht gestellte gute Leben.

Repräsentation und Geheimnis

Ohnehin hat die Euphorie der Informationsfreiheit starke Dämpfer erfahren. Auf der Internetseite von FragDenStaat ist heute nicht selten Gerichtskritik zu lesen. Man lege Ausnahmen zu weit aus, erzeuge zu viele logistische Umstände und so wei-

22 Im Einzelnen und empirisch vgl. Vincent August/Fran Osrecki, *Transparency Imperatives: Results and Frontiers of Social Science Research*. In: Dies. (Hrsg.), *Der Transparenz-Imperativ: Normen – Praktiken – Strukturen*. Wiesbaden: Springer VS 2019.

ter. Gnadenentscheidungen etwa passten nicht in den Rechtsstaat (Art. 60 Abs. 2 GG). »Gnade vor Recht« sei ein beliebtes Instrument »der Autoritären«, doch die Gerichte interessiere das nicht. So fehle es an Transparenz. Ein schrecklicher Verdacht drängt sich auf: Es könnte sein, dass »Steinmeier beispielsweise Personen vorzeitig aus dem Gefängnis entlassen lässt, die Straftaten begangen haben«.[23]

Am Bundespräsidenten entzündet sich insgesamt ein aufschlussreiches Informationszugangsproblem, das zurück zum klassischen Geheimnistopos führt. Jüngst urteilte das Bundesverwaltungsgericht in einer Sache, in der ein Journalist mittels IFG Zugriff auf ein Gratulationsschreiben des Bundespräsidenten an das iranische Staatsoberhaupt erlangen wollte. Das Bundesverwaltungsgericht verneinte höchstrichterlich schon die Anwendbarkeit des IFG, denn »die Übermittlung eines Glückwunschschreibens an ein ausländisches Staatsoberhaupt ist ein *präsidentieller Akt*, den der Bundespräsident in seiner Funktion als Staatsoberhaupt in Ausübung seiner allgemeinen *Repräsentations- und Integrationsaufgaben* wahrnimmt, die ihm über die von der Verfassung ausdrücklich zugewiesenen Befugnisse hinaus zukommen«.[24]

Der Bundespräsident ist in dieser Rolle keine Behörde; kein Teil der Regierung oder Verwaltung. Er repräsentiert den Staat als Staat. Das Staatsoberhaupt hat die monarchische Autorität abgelegt, ihr *arcanum* rettet die richterrechtliche Repräsentations- und Integrationsaufgabe[25] in die Republik. Vielleicht ist darin ein Atavismus des »aristokratischen Begriffs des Geheimen« zu sehen. Gerade deshalb ist es allerdings mehr als zweifelhaft, ob dies neue Geheimnis den Rückschluss auf »große Politik« erlaubt, denn atavistische Geschichte gibt es bekanntermaßen nur als Farce.

23 Die Argumentation in dieser Sache ist (nicht nur dem Ton nach) typisch, weil sie eigentlich bloß hilfsweise mit Transparenz hantiert: »Dass der Bundespräsident überhaupt Entscheidungen der Bundesgerichte faktisch außer Kraft setzen kann, hat in einem Rechtsstaat eigentlich nichts verloren, schon gar nicht, wenn dies intransparent geschieht.« Arne Semsrott, *Wir verklagen Bundespräsident*. In: *FragDenStaat* vom 26. Januar 2022 (fragdenstaat.de/artikel/klagen/2022/01/klage-bundesprasident-gnadenerweise/).

24 Urteil vom 09.11.2023 – BVerwG 10 C 4.22, 2. Leitsatz (Hervorhebungen VL).

25 Hinreichend polemisch hierzu Josef Isensee, *Braucht die Republik einen Präsidenten?* In: *Neue Juristische Wochenschrift*, Nr. 20, 1994. Vgl. Christoph Schönberger, *Gibt es im Grundgesetz ein Erbe der Monarchie?* In: Thomas Biskup / Martin Kohlrausch (Hrsg.), *Das Erbe der Monarchie*. Frankfurt: Campus Verlag 2008.

Der Abnehmer

Von Susanne Neuffer

Der kleine Supermarkt – auf unserer Liste Markt Nummer 9 – ist der schlimmste auf der ganzen Tour. In Rollbehältern aufgetürmte Kisten mit Ware, die schon letzte Woche nicht mehr frisch war, Salat und Sushi, grüne Tennisbälle, die sich als schimmelige Orangen erweisen.

Da kommt der kleine Dicke mit seinen Ikea-Taschen und seinem Einkaufstrolley um die Ecke und stellt sich – eine fleischgewordene Aufforderung – vor die Rampe, auf der wir das Zeug sortieren.

Wir haben unterschiedliche Bewertungssysteme für die Frage, was noch gut und unseren Kunden zumutbar ist. Horst, der sich gerne als »Kriegskind« bezeichnet, schaut in jede Kiste, reißt jedes Netz auf, rettet kopflose Schokohasen und auslaufende Müslipackungen. Wolfram ist ein bisschen wählerischer und kann auch mal was mit großem Schwung in die Tonne werfen. Ich prüfe nach Hausfrauenart und neige zum radikalen Trennen von Müll und verzehrbarer Materie. »Fragen Sie Frau Silvia«, lästert Wolfram.

Etwas hat sich eingespielt, obwohl es gegen die Spielregeln unserer Organisation ist. Wir stellen die schwarzen Kisten mit dem Abfall vorne an die Rampe, und bevor wir den Inhalt in die Biotonne hinunterkippen können, kommt unser Abnehmer – so hat Horst ihn genannt –, nimmt sich die Kisten, durchsucht sie routiniert auf Essbares und findet. Er hat keine Angst vor den Schimmelwolken, fischt heile Eier aus dem zerquetschten Karton und greift ohne Zögern nach den Wurstpaketen.

Schon das Gesamtbild ist unangenehm: Wir drei oben auf der Rampe beim schnellen Sortieren, der Mann unten an der Biotonne, die nur so heißt und ein Höllenort aus Matsch und Plastik ist.

Horst wirft dem Abnehmer ab und an gezielt etwas zu, das eigentlich für unsere eingetragenen Kunden bestimmt ist. Wolfram runzelt die Stirn und packt weiter. Ich habe eine kleine legalistische Anwandlung und versuche, dem Abnehmer zu erklären, dass er zur nächsten Ausgabestelle der Organisation gehen und sich dort registrieren lassen kann. Er muss nur seine Bedürftigkeit nachweisen. Das kann ja nicht so schwer sein, wenn einer schon bereit ist, in die Biotonne zu tauchen.

Aber der Abnehmer hört mich nicht oder versteht mich nicht. Er hört nur, wenn Horst ihm etwas zuruft. Der schaut ihm aber auch in die Augen dabei.

Er hört auch nichts, wenn der Filialleiter aus seinem Verschlag kommt und seine Brüllnummer abzieht. Die Augen des Filialleiters blitzen, er fuchtelt drohend mit den Armen.

Es ist ein alter Kampf, scheint es. Horst sagt, der Abnehmer sei schon seit Jahren da, solange er die Tour fährt.

Ich kann den Mann nicht anschauen, schiebe die Kiste an den Rand. Ich fürchte sein Lächeln, wenn etwas Brauchbares dabei ist. Das Lächeln kommt mir unterwürfig vor, und es erinnert daran, dass etwas nicht stimmt.

Das ganze System stimmt nicht, wir bedienen es skrupellos und fühlen uns gut dabei. »Wir sind die Guten«, sagt Horst, wenn er bei Vorfahrtfragen mit dem Transporter Sieger bleibt. Blaubeeren aus Peru, Himbeeren aus Japan. Oder umgekehrt. Überproduktion, fahrlässiger Einkauf durch die Läden, Anspruchshaltung der Käufer. Da bleibt was für uns und unsere Abnehmer übrig. Mahlzeit.

Manchmal steht in einiger Entfernung eine gut angezogene Frau mit sorgfältig hochgesteckten Haaren. Sie scheint den Abnehmer zu beaufsichtigen.

»Das ist die Bettlerkönigin«, sage ich. Ich entwerfe für meine Kollegen das Panorama eines Bettlersyndikats, in dem unser Abnehmer einen niedrigen Status, aber eine wichtige Funktion hat. Weil er so rundlich und fürs Sitzbetteln nicht zu gebrauchen ist, muss er Lebensmittel auftreiben und in die Unterkunft schleppen. Die ist zweifellos eine vergessene Lagerhalle am Rand der Stadt, wo die Krücken abgeworfen und die Gelder abgegeben werden, gegen eine Mahlzeit aus den Resten, die für unsere Kunden zu schlecht waren. Auf einem Fass sitzt dann die Bettlerkönigin mit der Hochfrisur, lobt und straft die Untertanen.

»Ich hab die Oper auch gesehen«, sagt Wolfram. »Jedenfalls den Film.«

Und dann kommt der Tag, an dem der Abnehmer nicht da ist. Keine Diskussion unter uns dreien über Spielregeln, Hygiene und Würde, kein brüllender Filialleiter. Wolfram spekuliert über Urlaub, Heimaturlaub. (Wir nehmen selbstverständlich an, dass der Mann aus Rumänien oder Bulgarien kommt.) Horst macht sich ernste Sorgen: Ein Unfall? Ein Überfall? Die Ausweisung?

Meine Bemerkung, der Abnehmer könne sich an den Überresten unserer Großzügigkeit den Magen verdorben haben, kommt nicht gut an. Die Überlegung, das Bettlersyndikat habe ihn wegen schlechter Lieferqualität verstoßen, behalte ich für mich. Jetzt müsste jemand recherchieren, ein guter Journalist würde nachfragen. Was zählt ein Mensch in der EU, im Kapitalismus, im Einzugsgebiet der Lebensmittelretter?

Aber die Tour geht weiter, und sie geht auch in der nächsten Woche ohne ihn weiter. In der dritten Woche taucht er, als wir Markt 9 anfahren, hinter dem Hähnchenbraterwagen auf, sieht gesund und erholt aus, sogar leicht gebräunt, hat seine großen Beutel dabei und beginnt seine Tätigkeit. Horst wirft ihm freudig ein Huhn zu, das aus der Kühltruhe ausgewiesen wurde. Wolfram und ich versenken die Köpfe verlegen in den Kisten. »Wenigstens ist die Alte nicht dabei«, murmelt Wolfram.

Da kommt der Filialleiter aus dem Lager, holt Luft, zappelt wie Rumpelstilzchen, brüllt den Abnehmer an. Wie ähnlich sich die beiden sehen. Der Filialleiter könnte sein Sohn sein. Der Abnehmer rafft seine Beutel an sich und verschwindet. Jetzt brüllt der Filialleiter auch Horst an, den er für unseren Chef hält. Aber auch Horst kann sich überzeugend taub stellen, er schichtet die welken Salatköpfe in eine schwarze Kiste, die er nun selbst schwungvoll in die Biotonne entleert.

Der Filialleiter verschwindet kopfschüttelnd in seiner Bude, mit den großen Gesten eines verzweifelten Opernbuffos.

Da stehen wir mit unserem aufgefrischten Dilemma. Wir laden ein, fahren los, halten unsere übliche Kaffeepause am Backshop von Markt 11, rühren schweigend im Kaffee.

Etwas stimmt nicht.

Um uns herum frische Ware, Blumen, Sonderangebote für ahnungslos einkaufende Menschen.

Nichts stimmt.

Der Merkur im Internet: Aktuelle Interventionen und Kommentare, Reaktionen auf Texte in der Druckausgabe, Blicke ins Archiv, Hinweise zu Tagungen und Links zu lesenswerten Artikeln und Essays online, zu finden unter:

www.merkur-zeitschrift.de/blog/

Demnächst:

Sandra Fluhrer
Der Bauer in uns

Burkhard Müller
Ein Besuch im Berliner Zoo

Paola Lopez
KI-Kolumne